Arthur Maibach

Eine Hinrichtung in Einigen?
und Reformation kontra Täufer

Arthur Maibach

Eine Hinrichtung in Einigen?

und Reformation kontra Täufer

Spiezer Veröffentlichungen
zu Geschichte und Heimatkunde
Herausgegeben von Arthur Maibach

4

Rediroma-Verlag

Bibliografische Information der Deutschen Nationalbibliothek:
Die Deutsche Nationalbibliothek verzeichnet diese Publikation in der Deutschen Nationalbibliografie; detaillierte bibliografische Daten sind im Internet über http://dnb.ddb.de abrufbar.

ISBN 978-3-86870-936-0

www.rediroma-verlag.de
13,95 Euro (D)
15,00 CHF

Ich widme dieses Buch Stefan Rügsegger
und den Millionen Menschen, die des Glaubens wegen verfolgt, verbannt und hingerichtet wurden.

Inhalt

Einführung in die Thematik und Fragestellung 7
Quellenlage 12
Vor der Reformation 14
Reformation 18
Die biblische Taufe 27
Die Entstehung der Täuferbewegung 38
Die Täuferbewegung in Bern 49
Täufer im Berner Oberland 55
40 Hinrichtungen in Bern 65
Hinrichtung in Einigen? 69
Das Wiedertäufer-Mandat 75
Vertreibung und Auswanderung 94
Reformierte Kirche und Täufer 101
Der Autor 105

Einführung in die Thematik und Fragestellung

Mit Entsetzen müssen wir mitansehen, wie von Regierungen und Möchtegern-Befehlshabern grauenhafte, menschenverachtende Verbrechen begangen werden. Videos, welche zur Machtdemonstration veröffentlicht werden, zeigen, wie unschuldige Menschen brutal geköpft werden. Vor laufender Kamera werden Geiseln zu Aussagen gezwungen und hingerichtet, um diese Bilder in den Medien zur Schau zu stellen. Verfolgung, Folter und Todesstrafen werden bis zum heutigen Tag in vielen Regionen begangen, weil es Menschen gibt, die politisch anderer Meinung sind oder einen anderen Glauben haben.

Täglich sehen wir Bilder von Menschen auf der Flucht, überfüllte Boote, zertrümmerte Städte und Dörfer, riesige Auffanglager in der Wüste, Frauen, Kinder und ältere Menschen ohne Nahrung, Wärme und ohne Hoffnung auf eine menschenwürdige Zukunft. Dem gegenüber ist ein grosses, wohlhabendes Europa, eine sehr reiche Schweiz, die die Möglichkeit hätten, den Ärmsten zu helfen, ihnen beizustehen und ihnen für eine bestimmte Zeit Zuflucht, Wärme, ein Dach über dem Kopf, aber auch Nahrung und Ausbildung zu geben, sodass diesen Menschen, denen alles genommen wurde, ein bisschen Würde gegeben werden kann. Wir können unsere Dankbarkeit für unser Glück damit zeigen, indem wir unser Glück mit ihnen teilen. Ein Glück, das auch den Bewohnern unseres Landes nicht immer hold war. Vor 400 Jahren waren es vielen aus den Regionen Simmental, Emmental, Bern und Zürich, Menschen, die zum Teil als Wirtschaftsflüchtlinge oder weil sie verfolgt, eingesperrt, gefoltert, hingerichtet oder auf die Galeeren verbannt oder zum Verlassen ihres Landes gezwungen wurden. Familien, welche arbeiteten, Nahrung produzierten, Abgaben an die Obrigkeit ausrichteten und im Frieden mit den Mitbewohnern einer Region lebten, Menschen, die ihr Land liebten und gottesfürchtig und fromm lebten, ein Thema, ein Stück Schweizer Geschichte, von der nicht gern gesprochen wird. Die Verfolgten vergessen ihre Geschichte nicht, die Verfolger verdrängen sie jedoch gerne. Die prachtvollen Sagen von Wilhelm Tell, Morgarten und Winkelried werden als Schweizer Geschichte angeboten und gelehrt, jedoch die brutalen Verfolgungen, Vertreibungen und Hinrichtungen werden verschwiegen. Viel Leid wurde seit der Reformation (Zürich 1523) bis zur Gründung der heutigen Schweiz am 12. September 1848 einem Teil der Bevölkerung angetan. Folter, öffentliche Hinrichtungen, Ertränken in Flüssen und Verbrennen von Menschen waren ein Teil der Kultur in diesem Lande. Allein im Kanton Bern wurden in kurzer Zeit 40 unschuldige Bürger hingerichtet, einer davon aus Einigen. Trotz all des furchtbaren Leidens, all der Qualen, die diesen Menschen angetan wurden, hatten viele die Möglichkeit zu fliehen. Sie wurden zum Teil mit offenen Armen aufgenommen. Im Elsas, in der Pfalz, in Holland und später auch in Amerika, wo noch heute viele Ausgewanderte leben. New Bern, New Glarus und viele andere Ortsnamen deuten auf die Eingewanderten aus der damaligen Eidgenossenschaft hin. Diese Vertriebenen fanden eine neue Heimat, ein neues Zuhause, ein würdiges Leben im fremden Lande, Menschen und Regierungen, die diese Verfolgten und Vertrieben aufnahmen, ihnen Wärme, Nahrung und eine neue Existenz schenkten.

Warum muss der Mensch andere Menschen beherrschen? Ist der, der mehr Menschen von seiner Meinung überzeugen kann, näher bei der Wahrheit als Einzelne oder kleine Gruppierungen? Wo ist die Wahrheit? Was ist Wahrheit? Stärke bedeutet auch Schwäche, sodass diese Schwäche mit Worten oder Gewalttaten ausgelebt wird und mit einer Masse von Mitläufern zur momentanen Stärke wird, eine Stärke, die zu Macht und Machtmissbrauch führt. Die tragische Geschichte, die am 21. Januar 1525 im Raum Zürich begann, sich über die Eidgenossenschaft und über grosse Teile des Heiligen Römischen Reiches Deutscher Nation ausbreitete, tausende Todesopfer verursachte, fand erst am 26. Juni 2004 eine Entschuldigung und ein versöhnliches Ende.

Eine weitere Frage ist, warum braucht der Mensch Feinde? Warum macht sich der Mensch Feinde? Bei der Reformation wurden aus Freunden, aus Priestern und Pfarrern, wegen der Auslegung von Worten Feinde. Wobei die eine Partei, die reformierte Kirche, welche noch selbst in der Entstehungsphase war, versuchte, ihre Auslegung durchzusetzen und dabei Unterstützung von der Stadtregierung bekam. Huldrich Zwingli verstand es, die Obrigkeit hinter sich zu scharen und die althergebrachte Tradition aufrecht zu halten. Sein Freund Felix Manz jedoch las auch das Wort, die Bibel, und wollte nach dem Wort handeln, wobei das gegen Zwingli und die Obrigkeit keine Change hatte. Aus der einen Auffassung wurde Wahrheit gemacht und der Verfechter der anderen Meinung wurde in der Limmat in Zürich öffentlich ertränkt. Dass Felix Manz nicht Unrecht hatte, nützte ihm nichts, er wurde hingerichtet. Dass Felix Manz Recht hatte, konnte ich im Jahr 1998, am 11. Oktober in Genf an einer Konfirmation in der reformierten Kirche erleben. Nach fast 500 Jahren und Tausenden von vertriebenen, gefolterten und hingerichteten Menschen empfand ich Genugtuung und sah, dass die reformierte Kirche ein Eingeständnis machte. Nicht mit Worten, sondern mit Taten, für alle im Gottesdienst anwesenden Kirchgänger sichtbar, wurde eine Erwachsenentaufe vollzogen. Junge Erwachsene, welche sich anhand der Unterweisung im kirchlichen Unterricht dazu berufen fühlten, liessen sich nach der inneren Überzeugung taufen, durch untertauchen in einem grossen Taufbecken in der reformierten Kirche, so wie es Johannes der Täufer, aber auch Felix Manz, nach biblischem Vorbild und nach der korrekten Auslegung ausübten.

Und was machen wir?

Mögen diese Zeilen doch zum Nachdenken und zum Umdenken anregen.

Quellenlage

Die Quellen für diese Arbeit sind klar definiert und können zurückverfolgt werden. Alle Aussagen beruhen auf glaubwürdigen Texten aus Archiven und der Sekundärliteratur von namhaften Autoren, welche ihre Texte mit Hilfe der Primärliteratur erarbeitet haben. Aber auch meine Person will ich in dieser speziellen Arbeit als Quelle darstellen.

Der Autor ist in Interlaken geboren, wurde in der reformierten Kirche getauft, von seiner katholischen Mutter erzogen, besuchte mit der Mutter die Messe in der katholischen Kirche und wurde in der reformierten Kirche unterwiesen. Nach Abschluss der Schul- und Unterweisungszeit wurde er konfirmiert und als Mitglied in die reformierte Kirche aufgenommen, wo er bis zum heutigen Tag ohne Unterbruch dazugehört. Er war jedoch interessiert an Religion und Glauben und schaute auch bei Freikirchen hinein. Eine Freikirche hatte es ihm aber besonders angetan, sodass er für kurze Zeit ihre Gottesdienste besuchte. Nachdem er katholisch-reformiert aufgewachsen und erzogen wurde, war es auch kein Problem evangelisch-reformiert-freikirchlich weiterzuleben. Trotz allem ist er der reformierten Kirche immer treu geblieben und hat auch sein Ja-Wort in der Kirche

Einigen vor versammelter Gemeinde laut und deutlich gegeben.

Alle Quellen, aus denen ich zitieren werde, werden mit dem Namen des Autors, dem Titel, dem Verlag, des Erscheinungsjahres und der Seitenzahl angegeben. Da es sich bei dieser Arbeit um ein Buch mit einem biblischen Thema handelt, ist die Bibel, nach der Übersetzung Martin Luthers, eine der Quellen. Die Quellen, aus denen ich zitiere, zeigen das Leben aus der Zeit von vor 500 Jahren. Auch möchte ich darauf hinweisen, dass nicht die Kirche, sondern Menschen Schuld auf sich geladen haben. Nicht die zur der Zeit der Reformation entstehende Kirche, sondern Menschen, die, aus welchen Gründen auch immer, nach ihrem Wissen und ihrer momentanen Auffassung handelten. Menschen, die ihr Handeln begründeten, urteilten und verurteilten. Danach folgten viele Jahre des Schweigens und Verdrängens, bis im Täuferjahr 2007 eine Annäherung der reformierten Kirche und der Täuferbewegung stattfand.

Vor der Reformation

Für den mittelalterlichen Menschen war die Welt wirklich noch ein einziger von göttlichen Kräften durchwalteter Kosmos, die Menschheit des Abendlandes noch eine ungeteilte Gemeinschaft: Gefolgschaft Christi, Corpus Christianum. Wohl gab es innerhalb dieser Gemeinschaft eine obere und untere Sphäre, übernatürliche und natürliche Kräfte, Offenbarung und natürliche Einsicht, geistliche und weltliche Obrigkeit. Aber die Natur war ja nichts anderes als Gottes Schöpfung und Schaffensbereich, von seinem Willen gelenkt und täglich neu mit Licht und Leben beschenkt.[1] Das Mittelalter war geprägt vom christlichen Denken und Leben. Politisches Handeln und Macht waren sakral begründet. Der Herrscher, der christliche Kaiser, verstand sich als Abbild und Stellvertreter Christi, wie es auch der Papst als seinen Anspruch ansah. Aus diesem Machtkampf um die Vorherrschaft entwickelte sich der Investiturstreit.[2] Die Gesellschaft war streng hierarchisch gegliedert. Die Einteilung der verschiedenen Stände waren: Klerus, Adel, Bauern und Bürger. Der Mensch

---

[1] H.-J. Schoeps: Deutsche Geschichte der Neuzeit, Meinz 1977, S. 23 f.

[2] Der Investiturstreit war der Höhepunkt eines politischen Konfliktes im mittelalterlichen Europa zwischen geistlicher und weltlicher Macht um die Amtseinsetzung von Geistlichen durch die weltliche Macht.

wurde in einen bestimmten Stand hinein geboren und damit war sein Stand in der Gesellschaft bestimmt. Auch war die Kirche eine wichtige weltliche Macht. *Das bedeutete, dass die Kirche nicht allein eine Botschaft vermittelte oder einen Kult verwaltete, sondern zuvörderst eine wirtschaftlich-politische Organisation darstellte, die sich ebenso auf die gesellschaftliche wie die geistige Struktur gründet.*[3] Kirchen und Klöster waren Träger und Vermittler der Kultur. Die Kirche behielt lange das Monopol an Bildung und Schriftlichkeit.

Zwischen dem 14. und 16. Jahrhundert, der Zeit des »Humanismus«, begann man sich mit dem klassischen Latein, dem Griechischen und dem Hebräischen zu beschäftigen. Man wollte die Bibel in dem griechischen und auch im Urtext lesen. Der bedeutende Humanist Erasmus von Rotterdam vertrat die Meinung, dass Bildung, Religion und Moral eine Einheit darstellen. In seinen Schriften finden sich kritische Auseinandersetzungen mit der Kirche. Darum gilt er als ein wesentlicher Wegbereiter der Reformation.

Eine der wichtigsten Erfindungen, wenn nicht sogar die wichtigste überhaupt, war die Erfindung des Buchdruckes mit beweglichen Lettern. Johan-

---

[3] Alberto Tenenti, in Ruggiero Romano/Alberto Tenenti: Die Grundlegung der modernen Welt, Fischer Weltgeschichte, Bd. 12 Ffm. 1967, S. 88

nes Gutenberg aus Mainz hatte sich um 1450 ausgedacht, aus einzelnen gegossen Buchstaben, welche zu Wörtern, Sätzen und ganzen Seiten gesetzt werden können, den Buchdruck zu vereinfachen und schneller zu machen. Eine Erfindung, die in kurzer Zeit handgeschriebene Bücher verdrängte. So entwickelte sich auch der Kreis der Menschen, die lesen lernten, obschon noch etwa 80% der erwachsenen Bevölkerung Analphabeten waren. Mit dem neuen Buchdruck jedoch konnten Nachrichten schnell verbreitet werden. Die Bibel und weitere religiöse Schriften nahmen jedoch den ersten Rang der Druckereierzeugnisse ein. Somit erhielt die Reformation eines ihrer wichtigsten Mittel zur Durchsetzung.

Die Situation vor der Reformation war geprägt von einer Intensivierung der allgemeinen Frömmigkeit. Diese äusserte sich in Wallfahrten, die auch zur kleinen Kirche nach Einigen führte, aber auch zu einer Heiligen- und Reliquienverehrung. Allein die Kirche im Paradies zu Einigen hatte 67 Reliquien angesammelt, welche verehrt wurden.

Die Kirche in Rom brauchte Geld für den Bau der neuen Peterskirche. So wurde ein massiver Ablasshandel betrieben. Nach katholischem Kirchenrecht konnte durch Bezahlung von Almosen oder Spenden ein Erlass von göttlichen Strafen für Sünden abgegolten werden. Man konnte sich frei kaufen: z.B. für Totschlag 7 Dukaten oder Kirchenraub 9 Dukaten. Daraus entstand der bekannte Spruch: „Wenn das Geld im Kasten klingt, die Seele in den Himmel springt“. Man konnte aber auch für Verstorbene bezahlen, sodass diese von göttlicher Strafen entbunden werden. Alles, was der Klerus leistete, wurde in Geldwerk umgewandelt. Die Geldgier der Kirche war um 1500 zu einem festen Begriff geworden. Alle, die sich dagegen zur Wehr setzten, wurden zu Ketzern erklärt und verfolgt. So die Waldenser, aber auch Johannes Hus, der 1415 in Konstanz auf dem Konzil zum Flammentod verurteilt und auf dem Scheiterhaufen verbrannt wurde. Dazu kam noch die Angst vom nahen Weltende. Einige Astronomen spekulierten wegen einer besonderen Planetenkonstellation ein Weltende im Februar 1524. Martin Luther und andere Reformatoren wollten zurück zu den Wurzeln, zu dem Christentum, wie es Jesus Christus begründet hatte. Dazu brauchte es eine Reformation, was wörtlich genommen eine Rückführung oder Wiederherstellung bedeutet.

Reformation

Der Beginn der Reformation wird auf den 31. Oktober 1517 angesetzt. Das ist der Tag, an dem Martin Luther seine 95 Thesen an die Türe der Wittenberger Schlosskirche schlug. Ob nun Luther dies wirklich so gemacht hatte, darf in Frage gestellt werden. Es hätte sich um ein sehr grosses Papier gehandelt mit all den lateinischen Wörtern. Es mochte durchaus sein, dass er eine Information an die Kirchentür nagelte. Wir müssen davon ausgehen, dass Wittenberg um 1500 eine mittelgrosse Stadt war, eine Stadt, in der nur etwa 20% der Einwohner des Lesens kundig waren. Warum sollte jemand, der eine Botschaft für das gesamte Heilige Römische Reich Deutscher Nation hatte, nur eine kleine Stadt von seinem Vorhaben in Kenntnis setzen? Luther wollte, dass möglichst schnell sehr viele Menschen, vor allem der Klerus und der Adel, von seiner Botschaft hörten. Dazu brauchte er ein damals modernes Mittel, den Buchdruck. Nur so konnte er alle 95 Thesen auf einem Flugblatt einer grösseren interessierten Menschenmenge zur Verfügung stellen. Er schickte diese »Post« seinen Freunden und Bekannten, die diese weitergaben und davon erzählten. Nur so war es möglich, dass bis zum Jahresende 1517 Luthers Thesen in ganz Deutschland bekannt waren und eine grosse Resonanz fanden.

Die Grundzüge seiner Theologie waren die Lehre vom allgemeinen Priestertum, die Ablehnung des päpstlichen Primats, Bibellektüre- und Auslegung für jeden Christen und Beschränkung der Sakramente auf Taufe, Busse und Abendmahl. Seine Rechtfertigungslehre war: Der Mensch ist allein durch die Gnade Gottes gerechtfertigt (sola gratia). Sein Heil erwirkt er allein durch den Glauben (sola fide), der sich auf Gottes Wort in der Heiligen Schrift gründet (sola scriptura). Gnade, Glauben und Schrift waren die drei Eckpfeiler, auf die Martin Luther aufbauen wollte. Lesen und verstehen, was geschrieben steht, war die Voraussetzung für jeden Christen, Gott näher zu kommen.

Huldrich Zwingli ging von den gleichen Gedanken aus; aber der Weg, den er einschlug, führte die beiden Reformatoren auseinander. Zwinglis Verstandesschärfe war nicht für Luthers Gemütstiefe geschaffen. Jeder hatte seinen Beruf. Luther war der Vorsinner und Zwingli der Baumeister der Reformation, der besser als Luther eine Kirche aufzuführen verstand. Zwingli trat in Zürich zuerst als politischer Reformator hervor. Er bekämpfte den übermächtigen Einfluss des Auslandes, den Reislauf und die Jahrgelder. Erst 1522, fünf Jahre nach Luther, stand er in Zürich als Lehrer eines neuen Glaubens auf. Er kam in der Eidgenossen-

schaft übel an. [...] Nachdem Zwingli überlegen und Bibelstarken Geistes 1523 auf zwei Glaubensgesprächen in Zürich gesiegt hatte, ging er daran, seine Kirche zu schaffen.

Zwingli hat nicht willkürlich Altes beseitigt und ersetzt, sondern er nahm die Bibel als Richtschnur. Er liess nur gelten, was in der Bibel bestätigt war. Er verwarf die Herrschaft des Papstes, löste Zürich aus der allgemeinen, der katholischen Kirche und gründete eine zürcherische Landeskirche, deren Leitung der Rat von Zürich übernahm, wie überhaupt die weltliche Gewalt von der Reformation gehoben werden sollte. In der Lehre ging Zwingli wie die alte Kirche von der Erbsünde aus. Aber er wies einen anderen Weg der Rechtfertigung. Er verwarf die Vermittlung der Kirche, die priesterliche Gewalt zu binden und zu lösen, weil er sie nicht in der Bibel begründet fand. Messe, Beichte, Absolution fallen dahin. An Stelle der Messe tritt das Abendmahl mit dem Kelch für die Laien. Von den sieben Sakramenten bleiben nur Taufe und Abendmahl. [...]

Die Fürbitte, insbesondere die Fürbitte der Heiligen, ist wirkungslos. Was zur Heiligenverehrung gehört, Bilder, Reliquien, Feiertage und Wallfahrten, wird überflüssig. Die guten Werke, besonders die Weltflucht, führen nicht zur Erlösung. Darum hebt die Reformation die Klöster auf und gibt die Insassen dem Leben zurück. Die Reformation drängt auf Verinnerlichung des Gottesdienstes. Was davon ablenkt, Pracht, Bilder, Zierden, Musik und Weihrauch, wird verbannt. In schlichtem Raum, unter einfachen Formen, Gebet, Gesang und Predigt, soll der Mensch in sich versinken und die Gnade suchen, deren es bedarf. Im Mittelpunkt steht das göttliche Wort; seine Verkündigung führt die Gläubigen zusammen. Die Reformation stellt die Kirchengemeinde her, die für die Sittenzucht und den Liebesdienst unentbehrlich wird. Die alte Kirche anerkannte in der allgemeinen Christenheit keine besonderen Gemeinden, wie sie denn auch von Kirchspiel, Kirchhöre, Kirchgesang sprach. Das Kirchspiel war ein Bestandteil der Kirche; die Kirchgemeinde wurde ein selbstlebender Verband.[4]

Anders als in Zürich mit Zwingli oder Genf mit Calvin kennt Bern keine zentrale Gestalt, auf welch die Reformation zurückgeführt werden könnte. Zwar ist die bernische Reformation mit bekannten Namen wie Bertold Haller oder Niklaus Manuel verbunden, doch waren die Entwicklungen in Bern zwischen 1523, als die ersten reformatorischen Bewegungen begannen und 1532, Erscheinungsjahr des Berner Synodus, viel zu komplex, als dass sie auf das Wirken einer ein-

[4] Richard Feller, Geschichte Berns, Band II, Verlag Herbert Lang, Bern und Frankfurt am Main, 1974, S. 111-112

zigen Gestalt zurückgeführt oder reduziert werden können. [...]

Obwohl sich in Zürich die Reformation bereits 1523 durchsetzte, also fünf Jahre früher als in Bern, war für die weitere Reformation der Eidgenossenschaft in politischer Hinsicht Bern wichtiger als Zürich. Und zwar deshalb, weil die Eidgenossenschaft mit der Ausnahme Zürichs damals im europäischen Ringen um Italien auf der Seite Frankreichs stand und Zürich deshalb politisch isoliert war. [...]

Die in Bern wirkenden Reformatoren Berchtold Haller und Sebastian Meyer stiessen auf starken Widerstand und wirkten nur dank der Ermutigung Zwinglis weiter in der Stadt. Wie in Basel waren auch in Bern ein wichtiges Element für die Verbreitung reformatorischer Gedanken unter der Bevölkerung antikatholische Fasnachtspiele, welche die Missstände im Klerus, den Ablasshandel und die aktuelle Skandale aus der Kirche kritisierten. [...] 1526 gab es erstmals im Grossen Rat eine Mehrheit zugunsten der Neugläubigen, als für die Reformation. Im Kleinen Rat kam eine Mehrheit erst zustande, als einige Anhänger der katholischen Seite ausgeschlossen wurden. 1528 setzten die Räte eine Disputation in Bern an, zu der Zwingli und andere Reformatoren aus dem oberdeutschen Raum eingeladen wurden.

Die Berner Disputation fand vom 6. bis zum 26. Januar 1528 statt, eine Versammlung von 800 Personen. Aufgeboten wurden alle Pfarrer zu Stadt und Land, freundlich eingeladen die eidgenössischen Stände und eine Reihe süddeutscher Städte. Die vier Bischöfe von Konstanz, Lausanne, Basel und dem Wallis wurden aufgeboten. Weil sie fernblieben, verloren sie all ihre Rechte in bernischen Landen. Per obrigkeitliches Mandat vom 7. Februar 1528 wurde Bern reformiert, fünf Jahre nach Zürich.[5]

So weit einige kurze Ausführungen zur Reformation und zu dessen Beginn in Wittenberg, Zürich und Bern. Auch im Berner Oberland und in Einigen begann ein neuer Abschnitt in ihrer Geschichte. »*In Einigen im Paradies, dem kleinen Dorf in der Herrschaft Spiez, scheint die Reformation ohne weitere Schwierigkeiten Eingang und Aufnahme gefunden zu haben*«, schreibt Hans Gustav Keller in seinem Buch »Einigen«. *Das Land, das die Reformation von der Stadt empfing, brachte der Glaubenserneuerung, so rasch sie auch kam, mehr Entgegenkommen entgegen und empfing sie mit mehr Anklang, als widerstrebende Bewegun-*

[5] Andreas Zeller, Pfr. Dr. theol. Präsident des Synodalrates Ref. Kirchen Bern-Jura-Solothurn, Die bernische Reformation, Einführungsvotum von Andreas Zeller anlässlich des Kick off-Meetings zu den Rerformationsjubiläen vom 6. Juni 2012 in Zürich. www.sek.ch 30.12.2016

gen und einsetzende Unruhen vermuten liessen. Allerdings ist nicht ausser Acht zu lassen, dass in Bern die Einführung der Reformation erfolgte, als Hans von Erlach, Herr zu Spiez, das Schultheissenamt bekleidete. Erlach war ein tatkräftiger, willensstarker, zum Befehlen und Führen geborener und in politischen, diplomatischen und militärischen Dingen erfahrener Mann, der im Herbst 1528 als Oberbefehlshaber über die bernischen Truppen den Oberländer Aufstand gegen die Reformation niederschlug. Der Schulheiss und die Gemeinde der Herrschaft Spiez äusserten sich wiederholt zur Frage des Glaubens und der Kirche, die dem Volk von der Regierung unterbreitet wurden. Mochte sich auch in Spiez wie anderswo im Oberland die Neigung regen, bei dem althergebrachten Glauben zu beharren, so schlossen sich doch die Spiezer Herrschaftsleute am 26. Oktober 1528 vor der Unterdrückung des zweiten Oberländer Aufstandes unzweideutig der Sache ihres Herrn und der Stadt Bern an. <Schultheiz und ein gemeind der herschaftzu Spiez> erinnerten damals den <schulthezen unn ratt einer loblichen Stadt Bern> daran, dass sie im vergangenen Jahr das heilige Evangelium <willigklich an genommen> hätten, und wünschten, die Regierung in Bern möge sich mit den aufständischen Gotteshausleuten von Interlaken <früntlich betragen unnd zu rüwen kommen>. Sollte aus dem Aufruhr ein einheimischer Krieg anheben, <des möchten wir nüt gefrümet werden>. Entsünde dagegen ein Krieg mit anderen Fürsten oder Herren, < so wellend wir üch zu stan mit lieb und gut nach unserem aller besten vermögen>. Kilchherr von Einigen war im Januar 1528, dem Schicksalsmonat, Herr Erhard Bepping. In den Verzeichnissen vom 13. Januar, in denen alle Teilnemer der Berner Disputation nach ihrer Stellungsnahme zu den Thesen der Disputation aufgeführt werden, erscheint <Erhardus Bepping kilchherr zu Zeinigen> unter denjenigen, <so die gesatzten artikel von predicanten wend helfen mit göttlicher geschrift erhalten>. Vorher lebte Bepping vermutlich in Spiez. Am 5. November 1523 schlug Hans von Erlach, Schultheiss der Stadt Bern und Herr zu Spiez, dem Bischof von Lausanne, Sebastian von Montfalcon, für den zurücktretenden Martinus Rubly als Kaplan der Kapelle des heiligen Nikolaus der Kirche von Spiez vor. 1527 wird H. Erhard als Pfarrer von Zeiningen genannt. Nachdem er zu Beginn des Jahres 1528 noch als Einiger Kirchherr auftritt, erscheint im gleichen Jahr Hr. Erhard als Pfarrer von Spiez. Man begegnet ihm, Erhard Papig, dort noch 1537. Die Feuerstättenzählung von 1558 erwähnt in Sipez seine Witwe Cattrina Päpig.[6]

---

[6] Hans Gustav Keller, Einigen, Thun Druck und Verlagsanstalt Adolf Schaer 1946, S. 125-127

Soweit eine kurze Zusammenfassung der Reformation von Luther über Zwingli nach Bern und dem Kirchlein zu Einigen.

Die biblische Taufe

Bevor wir uns mit der Geschichte der Täufer auseinandersetzen können, müssen wir uns mit der Taufe aus christlicher und kirchlicher Auffassung befassen. Was ist »Taufe«? Wer oder was kann getauft werden? Oft liest man von Schiffstaufen, Platten-(CD-)taufen. Viele Produkte werden einer Taufzeremonie unterworfen. Wird da wohl die Taufe mit der Namensgebung verwechselt? Nach biblischer Auffassung ist die Taufe ein Sakrament nach einem bestimmten Bekenntnis. Was soll nun ein Schiff mit einem biblischen Bekenntnis zu tun haben? Wenn ein Schiff nach langer Bauzeit endlich zu Wasser gelassen wird, zum ersten Mal ohne Stützen sich frei im Meer hält und eine Flasche Champagner an den Rumpf geworfen wird, ist das mit Sicherheit ein schönes Ritual. Und wenn bei diesem Ritual auch noch den Namen des Schiffes der Öffentlichkeit mitgeteilt wird, ist das für die Zuschauer und die anwesende Presse ein schönes Erlebnis, jedoch keine Taufe. Das Schiff ist ein Produkt von Menschen geplant, von Menschen gebaut und von Menschen zum Stapellauf gebracht. Ein Produkt aus verschiedenen Materialien ohne Seele und Geist. Es kann keine Entscheidungen treffen oder den Wunsch äussern, getauft zu werden. Auch kann weder der Produzent noch der Geldgeber oder Erbauer das Schiff dazu zwingen, einer bestimmten Religionsgemeinschaft beizutreten. Ein Schiff hat keinen eigenen Willen, sondern wird vom Kapitän gesteuert, von der Mannschaft betreut und macht genau das, was der Schiffscrew beauftragt wurde. Warum sollte ein Schiff eine christliche Taufe erhalten und ein Korkenzieher nicht? Auch der wird von Menschenhand gemacht und gesteuert. Wie das Schiff wartet auch der Korkenzieher auf seinen Einsatz, erfüllt diesen im Auftrage eines oder mehrerer Menschen und wartet danach auf die nächste Flasche, mit einem einzigen Unterschied, der Korkenzieher wurde nie getauft und erhielt auch keinen Namen. Aber er wollte gar nicht getauft werden, wie auch das Schiff und die Platte (CD) dies nicht wollten. Menschen haben entschieden, kleine Kinder, Schiffe, Platten (CD) und andere Objekte zu taufen, Korkenzieher jedoch nicht.

Um zur Quelle der Taufe zu gelangen, müssen wir die Bibel zur Hand nehmen. Das Wort Taufe, taufen und Täufer wird erstmals im Neuen Testament erwähnt. Wobei es nur in den vier Evangelien, der Apostelgeschichte des Lukas und in den Briefen des Paulus thematisiert wird. Dabei ist zu erwähnen, dass dieses »neue« Wort in Matthäus 3.1 zum ersten Mal genannt wird. Nicht das Wort Taufe oder taufen ist die erste Erwähnung, sondern Täufer. *Zu der Zeit kam Johannes der Täufer und predigte in der Wüste des jüdischen Landes (Matth.3.1)*[7] Ums Jahr 28, nach neuer Zeitrechnung, wirkt Johannes der Täufer, der Mahner, der das endzeitliche Kommen Gottes ankündigt. Er ist auch der Lehrer des Handwerkers Jesus. Ob dieser nun Zimmermann war oder nicht, ist von nur geringer Bedeutung. Martin Luther übersetzte das griechische Wort »tekton« als Zimmermann. Da es aber zur damaligen Zeit in Obergaliläa kaum Holz gab, ist anzunehmen, dass Jesus ein Bauhandwerker war. Bei seinen Wanderungen zu den Baustellen lernte er mit grosser Wahrscheinlichkeit auch Johannes kennen. Jesus folgte nun seinem Lehrer Johannes, hörte und anerkannte die Botschaft und unterzog sich aus eigenem Willen der Taufe im Jordan. Wobei es sich eher um ein Waschungsritual gehandelt haben könnte. Im wissenschaftlichen Bibelportal der deutschen Bibelgesellschaft wird dies folgendermassen beschrieben: *Johannes vollzieht demnach ein Waschungsritual, bei dem der Täufling vollständig in das fliessende Wasser des Jordan eingetaucht wird. Dieses Ritual erweist sich als eine Art Identitätsmerkmal des Täufers. Auch bei Josephus wird seine Tauftätigkeit betont referiert (wenngleich auf dem Aspekt der Körperpflege reduziert). Im*

[7] Die Bibel, nach der Übersetzung Martin Luthers, Württembergische Bibelanstalt Stuttgart, 1973

Unterschied zu den in der Tora vorgeschriebenen Selbstwaschungen, scheint das Taufritual des Johannes, das ein Täufer ausführt, etwas Neues, Innovatives zu sein.

Unlösbar mit dem Untertauchen verbunden ist eine Predigt bzw. Verkündungstätigkeit. Denn erst durch die vorausgehende Gerichtsdrohung wird der Sinn der Taufhandlung erkennbar. Johannes vollzieht eine Taufe der Umkehr zur Vergebung der Sünden. Damit löst er ein, was ihm das Benediktus in (Luk.1.76-77) bereits zusagt – nämlich dem Herrn vorauszugehen und seinem Volk. Erkenntnis des Heils zu gehen durch die Vergebung der Sünden.[8]

Das erste, was wir von Jesus lesen, ist, dass er die Worte des Johannes hörte und sich von ihm taufen liess. Zuerst kommt die Busspredigt des Johannes, danach die Taufe*: .. .und bekannten ihre Sünden und liessen sich taufen von ihm im Jordan.* (Matth.3.9) Diese Aussage ist klar und deutlich: zuerst das Wort, danach Busse und dann erst die Taufe. Nicht nur bei Matthäus, sondern auch bei Markus beginnt das Evangelium mit der Taufe und das ganz unmissverständlich: *Es ist eine Stimme eines Predigers in der Wüste: Bereitet den Weg des Herrn, machet seine Steige richtig! Johannes der Täufer war in der Wüste und predigte die Taufe der Busse zur Vergebung der*

[8] Lexikon: bibelwissenschaft.de. 3.1.2017

Sünden. Und es ging zu ihm hinaus das ganze jüdische Land und alle Leute von Jerusalem und bekannten ihre Sünden und liessen sich von ihm taufen. (Mark.1.3-5) Dasselbe finden wir auch in Lukas 3.3.

Wenn in der Bibel von Taufe geschrieben wird, so handelt es sich immer um die Taufe von erwachsenen Menschen, die selbst entscheiden können. Der Taufe geht immer eine Belehrung, eine Predigt und ein Gespräch voraus. Nur wer das Wort hörte und selbst bestimmen konnte, wurde getauft. Der Vollständigkeit halber werde ich nun alle Textstellen aus den vier Evangelien, welche mit der Taufe zu tun haben, erwähnen: ... *und bekannten ihre Sünden und liessen sich taufen im Jordan (Matth.3.6). ...Als er nun viele Pharisäer und Sadduzäer sah zur Taufe kommen (Matth. 3.7). ... Ich Taufe euch mit Wasser zur Busse ... (Matth.3.11). ... Zu der Zeit kam Jesus aus Galiläa an den Jordan zu Johannes, dass er sich von ihm taufen liesse (Matth. 3.13). ... Könnt ihr den Kelch trinken, den ich trinken werde und euch taufen lassen mit der Taufe mit der ich getauft wurde (Matth. 20.22). ... Darum gehet hin und macht zu Jüngern alle Völker: taufet sie auf den Namen des Vaters, des Sohnes und des Heiligen Geistes (Matth.28.19). ... Johannes der Täufer war in der Wüste und predigte die Taufe der Busse zur Vergebung der Sünden (Mark.1.4). ... Wer das glau-*

bet und getauft wird, der wird selig werden (Mark. 16.16). ... Es kamen auch die Zöllner, dass sie sich Taufen liessen (Luk. 3.12). ... Und alles Volk, das ihn hörte, und die Zöllner, gaben Gott recht und liessen sich taufen mit der Taufe des Johannes (Luk.7.29). ... Aber die Pharisäer und Schriftgelehrten verachteten was Gott ihnen zugeordnet hatte und liessen sich nicht von ihm taufen (Luk.7.30). ... Aber ich muss mich zuvor taufen lassen mit einer Taufe ... (Luk. 12.50). Johannes aber taufte auch noch zu Änon, nahe bei Salim, denn es war viel Wasser daselbst: und sie kamen dahin und liessen sich taufen (Joh.3.23). ... Und sie kamen zu Johannes und sprachen zu ihm: Meister, der bei dir war jenseits des Jordan, von dem du zeugtest, siehe der tauft, und jedermann kommt zu ihm (Joh. 3.26). Auch in der Apostelgeschichte und den Briefen des Paulus an die Römer, im 1. Korintherbrief und dem Brief an die Galater wird von und über die Taufe geschrieben. Jedoch konnte ich in all den Texten in der Bibel keine Stelle finden, in der jemand zur Taufe gezwungen oder ein Kleinkind getauft wurde. Alle wurden nach einer Belehrung, auf eigenen Wunsch hin, aus eigener Überzeugung getauft.

Während des gesamten Altertums blieb die Erwachsenentaufe die Regel. Unter dem Titel »Die Aufnahme in die Kirche« ist im Kompendium der Kirchengeschichte folgendes zu lesen: *Auch für die in christlichen Familien Geborenen, blieb noch lange die Erwachsenentaufe in Übung. Nicht selten verschob man die Taufe bis zum Lebensende. [...] Auch die Taufe mit reichen Zeremonien umgeben (feierliche abrenuntiatio an den Satan und Zusage an Christus; Wasserweihe; interrogatio de fide und dreimaliges Untertauchen; Salbung mit Öl; Aufsagen des Vaterunsers durch den Getauften; Bekleidung mit weissen Linnengewändern, Überreichung von brennenden Kerzen, von Milch und Honig usw.). Die aus das Untertauchen folgende Salbung mit geweihtem Öl galt schon im 3. Jahrhundert als ein selbständiges Sakrament, sie wurde im Abendlande dem Bischof vorbehalten und daher von der Taufhandlung gelöst. Seit dem 6. Jahrhundert kam allmählich die Kindertaufe zur Herrschaft.*[9] Zur Entstehung der Kindertaufe hat Herr Ernst G. Maier eine umfangreiche Studie gemacht, aus der ich nun einige Auszüge weitergeben werde: *Zur Zeit des Neuen Testamentes wurden nur Gläubige getauft, die bezeugten, dass sie an Jesus Christus gläubig geworden sind. Zu dieser Erkenntnis sind nicht nur baptistische, sondern auch lutherische Theologen gekommen, zum Beispiel Reinhard Weber in seinem Werk: Reformation der Taufe (1983, S.41). Tertullian berichtet zum erstenmal ums Jahr 197 n. Chr. von*

---

[9] Heussi Karl, Kompendium der Kirchengeschichte, Tübingen 1988, S. 108

der Kindertaufe. Er führte einen heftigen Kampf gegen die in Nordafrika aufkommende Kindertaufe. Dies zeigt, dass zu seiner Zeit die Kindertaufe noch nicht allgemein Praxis geworden ist. Tertullian hielt die Kindertaufe für unnötig, da Jesus ungetaufte Säuglinge gesegnet und ihnen das Reich Gottes zugesprochen hat (Mt.19.14). Gregor von Nazianz, Patriarch der Reichhauptstadt Konstantinopel, lehnte noch im vierten Jahrhundert die Säuglingstaufe ab. Zur der Zeit von Augustinus wurde die Kindertaufe praktiziert mit der Begründung: Niemand darf von der Taufe ausgeschlossen werden, auch neugeborene nicht, Die Taufe darf nur einmal vollzogen werden. Obwohl ein Kind selbst noch nicht glauben kann, wird es durch die Taufe ein Gläubiger. Das Sakrament der Taufe schützt das Kind vor der Gewalt des bösen Feindes. Die Kindertaufe wurde im sechsten bis siebten Jahrhundert zur Norm.[10]

Zu den Voraussetzungen zur Veränderung der Taufpraxis schreibt Ernst G. Maier unter anderem folgendes: *Obwohl das Neue Testament die Lehre von der Erbsünde kennt, berichtet das Neue Testament nur von der Taufe gläubiggewordener Menschen. Die Apostel und die erste Gemeinde hielten es nicht für nötig, Säuglinge oder Kleinkinder zu taufen, trotz der Lehre der Erbsünde.*

---

[10] Ernst G. Maier, Die Entstehung der Kindertaufe, www. efg-hohenstaufenstr.de 4.01.2017

Die Einführung der Kindertaufe geschah auf Grund einer Veränderung der Lehre. In der nachapostolischen Zeit führte die Lehre von der Erbsünde zu einer Besorgnis um das Heil der Kinder. Langsam fand der Gedanke Eingang, dass durch die Taufe die Sünde (mindestens die Erbsünde) abgewaschen wird. Augustin und die römische Kirche leiteten dann von der Notwendigkeit der Taufe, die Notwendigkeit der Kindertaufe ab.

Dazu kommt noch das Vorbild der heidnischen Mysterienkulte. Die Gemeinden waren umgeben von einer Vielzahl heidnischer Kulte. Für die wichtigen Übergangspunkte des Lebens (Geburt, Geschlechtsreife und Tod) hatten diese heidnischen Kulte viele eindrucksvolle Rituale und Zeremonien. Diese Ritualien wurden auch Mysterien (Geheimnisse, Sakramente) genannt. Durch diese Mysterien wurden Kontakte zur Götterwelt hergestellt, und Bewahrung des menschlichen Lebens durch die Götter wurde dadurch gesichert. Die patristische Literatur zeigt, dass die Taufe immer mehr in solch eine Mysterienfeier umgewandelt wurde. Die Taufe glich mehr einem heidnischen Zauberritual als einer neutestamentlichen Taufe. Das Entstehen der Säuglingstaufe ging Hand in Hand mit einem Eindringen heidnisch-magischen Denkens in die christliche Gemeinde.

Konstantin hat die Kirche nicht nur anerkannt, sondern auch bevorzugt. Er wollte eine starke

Kirche, denn in einer starken Kirche sah er die Grundlage für ein starkes römisches Reich. Kirchenmitgliedschaft wurde im Laufe der Jahre zur Staatspflicht. Nichtchrist sein wurde zum Staatsverbrechen und wurde strafbar. Zur Kirchenmitgliedschaft war jedoch die Taufe notwendig. Deshalb wurde die Kindertaufe gesetzlich geboten. Die Säuglingstaufe wurde zum Fundament der Staatskirche.[11]

Da Konstantin der Grosse, der erste christliche Kaiser, massgeblich an der Einführung der Kindertaufe beteiligt war, ist es angebracht, diesem Mann ein paar Zeilen zu widmen: »Geboren wurde Konstantin ums Jahr 280 im heutigen Serbien. 293 wurde er in Nikomedia (heute Izmir) zum Offizier ausgebildet. Nach dem Jahr 306 liess er sich von seinen Truppen zum Kaiser des weströmischen Reiches ausrufen und war einer von vier Kaisern. Konstantin kämpfte um die Macht und so gelang es ihm, nachdem er 324 auch noch Licinius besiegte, alleiniger Herrscher des römischen Imperiums zu sein. Ob Konstantin ein gläubiger Christ oder Machtpolitiker war, lässt sich nur schwer sagen. Der Glaube war damals keine Frage der inneren Überzeugung, sondern diente dem Staat als Überbau. Möglicherweise wollte Konstantin mit seiner Hinwendung zu Christentum dazu beitragen, seine Macht zu manifestieren.

---

[11] Ebenda

Kurz vor seinem Tod liess er sich im Jahr 337 vom Bischof taufen.«[12]

Auch erwähnenswert ist die Tatsache, dass bei der ersten Erwähnung des »Taufwortes« das Wort »Täufer« steht. Somit wird als erstes nicht von der Tat, dem Sakrament, sondern von dem geschrieben, der die Taufe ausführt: Johannes der Täufer! Täufer, so nannten sich auch jene Menschen, nachdem sie lesen konnten und nicht mehr alles glaubten, was ihnen gesagt wurde. Diese Leute lebten nach dem Vorbild und den Worten. Und für dieses Verhalten wurden sie von der Obrigkeit verfolgt, gefoltert und hingerichtet. Einer davon aus Einigen.

---

[12] www.planet-wissen.de/kultur/religion Auszüge aus Text von Christiane Tovar, 26.03.2017

Die Entstehung der Täuferbewegung

Konrad Grebel (1498-1526) war schon aus der Studienzeit in Wien mit Huldrich Zwingli befreundet. Auch Felix Manz (1500-5.1.1527) war ein Weggefährte und Anhänger Zwinglis. Huldrich, eigentlich Ulrich Zwingli (1484-1531) wurde im Münster von Konstanz zum Priester geweiht, 1518 wurde er Leutpriester in Zürich und predigte ab 1519 am Grossmünster. Drei Männer, die alle lesen konnten. Drei Männer, welche die Bibel lesen und verstehen konnten. Drei Männer, die das Gelesene vorerst gleich, später jedoch unterschiedlich auslegten. Sie waren Zeitzeugen als Zürich im Januar 1523 durch Ratsbeschluss evangelisch wurde. *Zur Gruppe der ersten Mitkämpfer Zwinglis gehörten ursprünglich auch Konrad Grebel, Sohn eines Ratsherrn, und Felix Manz, Sohn eines Chorherrn am Grossmünster. Beiden hatte Zwingli den Weg zum Evangelium gewiesen.*[13] Grebel, Manz und Zwingli waren noch derselben Meinung wie das Wort, die Bibel, zu verstehen sei. Sie wollten gemeinsam eine Veränderung und dem Menschen das Wort so weitergeben, wie es geschrieben steht. Gebel und Manz blieben dabei.

---

[13] Fritz Blanke, Brüder in Christo, Schleife Verlag Winterhur, 2003, S. 12

Die Täufer gestanden in den Glaubensgesprächen, sie wüssten nicht weiter als bis auf Konrad Grebel zurück. Das schweizerische Täufertum nahm seinen Ursprung in Zürich; sein Erwecker ist Junker Konrad Grebel. Es ist alte Täuferüberlieferung, Zwingli habe mit ihm um 1520 die Bibel erforscht und sei mit ihm einig gegangen in den Täuferfragen, unbedingter Verwirklichung des Schriftgebots durch eine kleine Gemeinde von Freiwilligen und Auserwählten, Notwendigkeit des Leidens, Ablehnung der Kindertaufe. Zwingli schlug dann andere Wege ein und gründete mit der Obrigkeit die Kirche für alle.[14] Schon im Herbst 1523 tauchten zwischen Zwingli und Grebel Meinungsverschiedenheiten auf, bei denen es ums Abendmahl ging. *Grebel forderte mit Nachdruck, dass man das Abendmahl nur am Abend feiere, dass man statt der Oblaten gewöhnliches Brot benütze und dass man dies selber in den Mund nehme und es nicht vom Pfarrer einstossen lasse. Für diese Vorschläge beruft sich Grebel auf das Neue Testament.*[15] Zwingli, der Reformator, wollte noch ein wenig an den Praktiken der römischen Kirche festhalten, wogegen sich Grebel auf das Wort berief. *Noch bis Ostern 1525 hielten Zwingli und die anderen reformierten Pfarrer an*

---

[14] Richard Feller, Geschichte Berns, Verlag Herbert Lang Bern und Frankfurt am Main, 1974, S.267-268

[15] Blanke, S. 14

den Altären der zürcherischen Kirchen im Messegewand die römische Messe (mit Wegfall des Opferteils) zelebrierten lateinisch und hielten der Gemeinde den Kelch vor. Ebenfalls bis Ostern 1525 tauften Zwingli und seine Amtsbrüder die Säuglinge nach katholischem Brauche, nämlich unter Anblasen, Teufelsaustreibung, Bekreuzigung, Benetzen mit Speichel und Ölsalbung.[16]

Die Freunde Zwinglis, die späteren Täufer, verstanden den Reformator nicht mehr. Sie glaubten, mit <der göttlichen Gerechtigkeit> in ihrem Kreise ganz ernst machen zu müssen. Sie verstanden die Gebote der Bergpredigt wie auch die neutestamentlichen Berichte über die Taufe, die nach Busse und Bekenntnis des Glaubens an Heiden vollzogen worden war, als unmittelbar zu erfüllende gesetzliche Vorschrift. Sie verstanden nicht, dass der innerste Sinn der <göttlichen Gerechtigkeit> nach dem Evangelium nicht das Gebot, sondern die Gnade ist, aus der erst die Erfüllung des Gebotes hervorgehen kann. Im Sommer 1524 unterliessen unter dem Einfluss von Wilhelm Röubli in Witikon Eltern die Taufe ihrer Kinder. Am 11. August 1524 gebot der kleine Rat die Kindertaufe.[17]

---

[16] Blanke, S. 17

[17] Handbuch der Schweizergeschichte, Prof. D. Dr. Leonard von Muralt (Zürich), Renaissance und Reformation, Verlag Berichthaus Zürich, 1972, S. 458

In einem Brief an Thomas Münzer[18] vom 5. September 1524 schrieb Grebel unter anderem: *Wir waren Zuhörer von Zwinglis Predigten und lasen seine Schriften, aber eines Tages haben wir die Bibel selbst in die Hand genommen und sind etwas besser belehrt worden. Das will heissen: Nachdem wir die heilige Schrift selbständig zu lesen begonnen haben, sind wir an etlichen Punkten (gemeint ist: gerade in bezug auf die Kirche) über Zwingli hinausgewachsen. Das ist das hohe Selbsturteil des Nichttheologen Grebel und der um ihn vereinigten Laienchristen. Sie sind davon durchdrungen, dass sie, wie der Brief Grebels mehrfach sagt, allein nach dem Worte handeln. Zwingli aber nicht. Ein doppelt erstaunliches Selbstgefühl, wenn wir überlegen, dass doch gerade Zwingli den Hauptvorzug seiner Kirche darin erblickte, dass sie allein auf dem Worte Gottes aufgebaut sei. Wir stehen also vor der Tatsache, dass die Neuerer um Grebel und ihr Gegner Zwingli, beide gleichzeitig den Anspruch erheben, sich ausschliesslich an die Schrift zu halten.*

Auch hier frage ich: Wer hat recht? Auch hier ist zu Antworten: Wir haben es bei beiden Männern mit zwei an sich möglichen verschieden Auffassungen des Schriftprinzips zu tun.[19] Diese ver-

---

[18] Thomas Münzer (1489-1525) revolutionärer Theologe in Münster

[19] Blanke, S. 21

schiedenen Auffassungen trugen dazu bei, dass gleich zu Beginn der Reformation zwei Gruppen entstanden. *Die Gruppe hielt sich aber für berechtigt sich selbst in Bibelstunden aus dem Wort Gottes belehren zu lassen. Sie kam zur Überzeugung, dass nur die Erwachsenentaufe richtig sei, die Kindertaufe dagegen ungültig. Wieder ordnete der Rat auf den 17. Januar 1525 eine Disputation an. Dieser entschied gegen die Täufer oder Wiedertäufer. Erneut am 21 Januar 1525 gebot der Grosse Rat die Kindertaufe und verbot Versammlungen und Rede, die Nichtzürcher verwies er des Landes.*[20] Zwingli und der Grosse Rat von Zürich haben entschieden. Obschon sie wussten, dass sie die Taufe nicht nach biblischen Vorgaben abhalten werden. Sie haben an der Kindertaufe festgehalten und die Taufe nach biblischem Vorbild verboten.

Die Säuglingstaufe wurde zu einem Fundament der Staatskirche, weil Konstantin ein starkes römisches Reich wollte. Kirchenmitgliedschaft wurde zur Staatspflicht und die Kindertaufe gesetzlich geboten. Ein Entscheid gegen das biblische Wort, an den sich auch Zwingli und die Mehrheit hielten.

Damals war in ganz Europa die Kindertaufe nicht nur kirchliche Sitte, sondern obrigkeitliche Vorschrift. Es ist darum nicht verwunderlich, dass

---

[20] Handbuch der Schweizer Geschichte, S. 459

sich die nun beginnende Auseinandersetzung vorwiegend um die Taufe dreht. Es war zu erwarten, dass in Bälde der Zürcher Rat zu diesen Taufstreitigkeiten Stellung nehmen werde. Denn es gab bereits Väter – Grebel gehörte zu ihnen –, welch ihre Neugebohren seit Monaten nicht zur Taufe brachten.[21] Auf Wunsch von Grebel und seinen Leuten fanden einige Besprechungen statt, welche jedoch erfolglos verliefen, da Zwingli und seine Kollegen die Gegenpartei nicht zu Wort kommen liessen. Es gab mehrere Gespräche, die aber auch nichts brachten, sodass es zum schmerzlichen Bruch kam. *Manz, Grebel und ihr Kreis hatten eine schriftliche Auseinandersetzung begehrt. Diese kommt aber nicht zustande. Dafür bietet der Rat die Vertreter der zwei streitenden Gruppen zu einer öffentlichen Disputation auf den 17. Januar 1525 ins Rathaus zu Zürich auf. Anhand der Schrift sollen beide Richtungen ihre Tauflehre darlegen. Der Rat will sich so selber ein Urteil bilden und dann handeln. Aber in Wirklichkeit ist er nicht mehr unparteiisch. Denn in der Einladung werden die Kindertaufleugner von vornherein als die Verirrten bezeichnet. Damit ist der Stab über sie gebrochen, bevor die Aussprache angefangen hat.*

Tatsächlich ist der Ausgang der Disputation vom 17. Januar für die Grebelgruppe nahezu vernich-

---

[21] Blanke, S. 24

tend. Der Rat verfügt, dass hinfort alle Kinder wie bisher innerhalb von acht Tagen nach der Geburt zu taufen sind. Wer den Taufbefehl der Obrigkeit nicht befolgt, wird verbannt. Das ist der Erlass vom 18. Januar. Am 21. Januar wird durch einen weiteren Ratsbeschluss ein Versammlungsverbot über die Kindertaufgegner verhängt. Grebel und Manz erhalten Redeverbot, Röubli, Brötli, Hätzer und Castelberger werden als Nichtzürcher des Landes verwiesen. Wie müssen wir die schroffe Haltung des Rates erklären? Nach meiner Überzeugung konnte er in jenem Zeitpunkt nicht anders handeln. Er durfte es nicht zulassen, dass der jahrhundertealte, volkskirchliche Aufbau Zürichs auf einmal zerstört und Zwinglis eben aufgeblühte, aber noch von überallher bedrohte Reformation durch das freikirchliche Experiment neuen unabsehbaren Fährnissen ausgesetzt wurde.

Die Brüder hatten schon lange Gott gebeten, ihnen den Augenblick zu zeigen, wo sie zu handeln hätten. Jetzt ist dieser Augenblick da. Es ist endgültig klar, dass es aussichtslos ist, Zwingli und die Zürcher Obrigkeit für eine Wiederherstellung der Urkirche zu gewinnen. Also gilt es selbst Hand anzulegen. Die Bundesgenossen versammelten sich, wohl am Abend des 21. Januar 1525, vermutlich im Hause von Felix Manz in Zürich. Sie beteten zusammen, und dann erhebt sich Jörg Blaurock und bittet Grebel, dass er ihn taufen möge. Grebel vollzieht an ihm die Taufe und dann tauft Blaurock die übrigen Versammlungsteilnehmer. Das ist die Geburtstunde des Täufertums.[22]

Prof. Dr. Leonard von Muralt beschreibt im Handbuch der Schweizer Geschichte das Vorgehen in Zürich folgendermassen: *Die Bewegung bereitete sich von Zürich unmittelbar auf die südliche Nachbargemeinde Zollikon aus, wo die ersten Abendmahlfeiern und Taufen stattfanden. [...] Georg Cajakob aus Graubünden, genannt Blaurock, wollte den Pfarrer von Zollikon von der Kanzel verdrängen; andere zogen nach der Stadt, bezeichneten Zwingli als Vertreter des Teufels, riefen die Zürcher zur Busse und drohten, Unheil werde über die Stadt hereinbrechen, wenn sie sich nicht bekehre. Nun wurden die Anhänger der Bewegung gefangengenommen, Nichtzürcher ausgewiesen. Die Vertriebenen trugen den täuferischen Glauben weit ins Land hinaus, Brötli nach Hallau, er, Röubli und Grebel nach Schafhausen, dieser dann nach St. Gallen, Röublt nach Waldshut, wo Dr. Balthasar Hubmaier sich ihnen anschloss. Verwarnungen, Gefängnisstrafen Bussen vermochten nichts. Manz entkam zweimal aus dem Gefängnis und wirkte in Schafhausen und mit Blaurock in Chur. Aus der zweiten Gefangenschaft in Zürich wurde Manz entlassen, nachdem*

[22] Blanke, S. 28-30

er Urfehde geschworen, nie mehr zu taufen oder jemanden zur Wiedertaufe zu veranlassen. [...]

Da der Versuch, die Täufer zu belehren, der mit Geduld und Langmut währen zweier Jahre in sehr kritischer Zeit wiederholt gemacht wurde, scheiterte, entschlossen sich Bürgermeister, Räte und der Grosse Rat zu schärfstem Eingriff. Sie erliessen ein Mandat, wonach die Täufer, die andere Taufen, ertränkt werden sollen. Die schwere Strafe wurde damit begründet, dass die Wiedertäufer <wyder iro eyd, glüpt und zusagungen beharret und gemeinem regimen und oberkeit zu nachteil und zrstörung gmeins nutzes und rechten cristenlichen wesens ungehorsam erschienen>. Bürgerliche Ordnung und Glaubensfrage können nicht getrennt werden. Nach der zweiten Flucht aus den Gefängnis wirkte Manz 1526 in der Zürcher Landschaft, im Baselbiet, in der Alten Landschaft St. Gallen und in Appenzell. Am 3. Dezember 1526 wurde er im Grüninger Amt gefangen, am 5. Januar 1527 als erster Täufer in der Limmat ertränkt.[23]

Aber auch die Kirche machte mit. Zwei Tage vor der Ertränkung von Felix Manz schrieb Zwingli an den Basler Reformator Oekolampad: <Die Wiedertäufer, die man schon längst zu den Raben (d.h. zum Teufel) hätte schicken sollen, stören bei uns die Ruhe der Frommen. Aber ich glaube, das

---

[23] Handbuch der Schweizer Geschichte, S. 459-460

Beil sei angesetzt. > Zwingli schien also nicht nur zu wissen, was an jenem Samstag passieren sollte. Er hatte dies wohl auch befürwortet.[24]

In Zürich wurde dem Reformator Huldrich Zwingli ein monumentales Denkmal errichtet. Dem Zwingli, der mitschuldig am Tod von Felix Manz war. Mitschuldig an vielen Verbannungen, Folterungen und grauenhaften Hinrichtungen von Menschen, die nur nach dem Wort leben und handeln wollten. Auf diesem Denkmal wird Zwingli mit Schwert und Bibel dargestellt. Wie ist nun diese Darstellung zu deuten? Sein Blick geht geradeaus in die Stadt. Er hält die geschlossene Bibel in der Hand und schaut über diese hinweg. Festgeklammert hält er in der anderen Hand das Schwert. Das Schwert, mit dem auch in seinem Wissen viele Gläubige und bibeltreue Menschen hingerichtet wurden.

Am 26. Juni 2004 wurde bei der Schipfe am linken Limmatufer zur Erinnerung an die in Zürich hingerichteten Täufer eine Gedenktafel eingeweiht. *Hier stehen wir. An diesem denkwürdigen Samstag im Jahre 2004 nach Christus. Hier stehen wir und schauen hinaus auf die Limmat, die heute ruhig fliesst und das Abendlicht spiegelt. Hier, an diesem Ort, standen vor 477 Jahren ebenfalls viele Menschen: Ratsmitglieder, Schau-*

---

[24] Michael Baumann (Hrsg.) Gemeinsames Erbe, Reformierte und Täufer im Dialog, Theologischer Verlag Zürich, 2007, S. 90

lustige, Gaffer. Es war kalt an jenem Tag. Im wörtlichen wie im übertragenen Sinn. Der 5. Januar 1527 war ein Samstag wie heute, der Tag vor dem Dreikönigstag. An diesem Tag wurde Felix Manz, der erste von insgesamt sieben Täufern hingerichtet.[25]

Text auf der Gedenktafel

Hier wurden mitten in der Limmat
von einer Fischerplattform aus
Felix Manz und fünf weitere Täufer
in der Reformationszeit
zwischen 1527 und 1532 ertränkt
Als letzter Täufer wurde in Zürich
Hans Landis 1614 hingerichtet.

---

[25] Baumann, S. 89

Die Täuferbewegung in Bern

Das erste Auftreten von Täufern in Bern war um 1525. *Die Gesinnungsgenossen kannten den Aargauer Kreis. Bevor die Täuferbewegung in Waldshut im Dezember 1525 unter Gewalt von Aussen zusammenbrach, verfügten sich deren Exponenten anderswohin, Hubmaier nach Zürich, Jakob Gross nach Aarau. Gross wusste, in welches Haus er gehen konnte. Er traf auf einen eingeweihten Kreis von Freunden und Nachbarn, wo er das Abendmahl feierte und die Frau des Stadtschreibers taufte. Aarau gehörte damals zum Herrschaftsraum von Bern. In Aarau entstand also unter Berns Untertanen der erste Täuferkreis. [...] Die Täufer gingen nicht von Aarau nach Bern. [...] In der Stadt Bern selbst kamen die ersten konkret fassbaren Täufer aus Basel. In Bern lebte Jakob Hochrütiner. Sein Vater war der St. Galler Täuferführer Laurenz Hochrütiner, der über Zürich hinaus bis Strassburg tätig war und 1525 sowie 1526 einen Schwerpunkt in Basel hatte. [...] Wenn man vom bernischen Aarau absieht, wird das Täufertum in Bern selbst erst 1527 fassbar, als der Bauernkrieg überall vorbei war. Zudem war in Bern 1525 keine richtige Bauernbewegung ausgebrochen. [...] 1527 wurde einheimische und fremde Täufer aus Bern verbannt, sofern sie bei ihrer Überzeugung blieben. Deren Führer waren Ende des Jahres in Biel, wo sie ihre Rückkehr nach Bern vorbereiteten. Die Gelegenheit bot die öffentliche Berner Disputation vom Januar 1528, welch das Ziel hatte, der Reformation in Bern zum Durchbruch zu verhelfen. Jedermann wurde eingeladen und man versprach freies Wort und freies geleit für alle, die kamen. Man hatte in Bern wohl nicht erwartet, dass die soeben verbannten Täufer gleich wieder da wahren, pochend auf ihr Recht, dabei zu sein, wenn über den Glauben disputiert werde und durch öffentliche Verlautbarung versichert, dass man reden dürfte und freies geleit habe.*[26]

Das bernische Täufertum lässt sich als breite Bewegung verstehen, wo eine schlichte Volksfrömmigkeit nach dem Evangelium gelebt wurde. Zwar übte Zwingli anfänglich durch seine Freunde in Bern einen nicht geringern Einfluss aus. So wurde unmittelbar nach dem Reformationsbeschluss von 1527 in Bern ein harter Kurs gegen die Täufer eingeschlagen und vier ihrer Lehrer vom Land in die Stadt geholt, eingekerkert und zwei Jahre später beim Blutturm hingerichtet. Es waren dies Heinrich Seiler, Hans Haasmann Hans Treyer und Konrad Eichacher. Weitere folgten.[27]

---

[26] Martin Haas, Profile des frühen Täufertums im Raume Bern, Solothurn, Aarau, S. 6-16, www. zwingliana.ch, 22.12.2016

[27] Paul Hostettler, Von bernischen Täufern im 16. bis 18. Jahrhundert und ihrer Auswanderung in die alte und neue Welt, Bern, 2008, S. 1

Wie in Zürich wurden die Täufer auch in Bern ertränkt. *Die sogenannte dritte Taufe, weil man sie mit dem strafte, womit sie sich vergangen hatten.*[28]

Die reformierte Kirche und der Staat Bern hatten sich gegen die Täufer entschieden und versuchten diese wieder los zu werden. Die Kirche und der Rat von Bern hatten die Macht auf ihrer Seite. Sie hatten die Mittel, ihre Macht auszuüben und durchzusetzen. Sie konnten warnen, sie konnten Bürger vertreiben, in Haft nehmen, foltern, auf die Galeeren verbannen oder hinrichten lassen. Sie hatten die Macht und setzten diese auch mit massiver Brutalität durch. Die Täufer hingegen hatten die Bibel und die Gewissheit, dass sie nach dem, was in Gottes Wort steht, zu leben versuchen. Die, die lesen konnten, lasen den anderen, die nicht lesen konnten, die Texte aus der Bibel vor, sodass alle Gläubigen ihr Leben und Handeln danach ausrichten konnten. Menschen, die nach dem Wort leben wollten, Menschen, die Gewalt und Krieg ablehnten, niemandem Leid zufügten, mussten für ihren vorbildlichen Lebenswandel Verachtung und Hinrichtung hinnehmen. Die Auslegung des Wortes, so wie es die Täufer sahen, wurde mit menschenverachtender, brutaler Gewalt verdrängt und mit den Hingerichteten vernichtet. Jedoch wird es immer ein Versuch bleiben, die Wahrheit zu vernichten. Die Geschichte gab und gibt uns

---

[28] Feller, S. 272

genügend Beweise, dass irgendwann die Wahrheit siegen wird.

Im Märtyrer Spiegel aus dem Jahr 1748 finden wir folgenden Text, in dem auf das Leben und Sterben der Täufer im Berner Gebiete eingegangen wird. *Zu Bern werden sieben Lehrer und Vorsteher der Gemeinde Jesu Christi, nämlich Ully Baumgarten, Anthony Hinnelberg, Jegly Schlebach, Hans Zaugh, Ully Baumgärtner, Christen Christiaens und Rhode Peters. Im Jahre 1659.*

Es konnte aber das kleine Häuflein Christi, das aus dem Züricher und Berner Gebiet gewichen war, auch dort keine Freiheit erlangen. Denn die von Bern, welche den Fussstapfen derer von Zürich nachfolgten, nahmen sich auch vor, ihre Hände an sie zu legen, insbesondere aber an die Hirten und Vorgänger der Gemeine, um durch solches Mittel, wie es scheint, desto grösseren Schrecken unter die unschuldigen Schafe und Lämmer der zerstreuten Herde Christi zu verbreiten.

Man nahm sieben von den Lehrern und den vornehmsten Vorstehern der Gemeine gefangen (wozu besondere Gefängnisse eingerichtet wurden), nämlich Ully Baumgarten, Anthony Hinnelberg, Jegly Schlebach, Hans Zaugh, Ully Baumgärtner, Christen Christiaens und Rhode Peters.

Dieselben hat man eine Zeitlang sehr hart zur Arbeit angehalten, damit sie die Unkosten verdie-

nen möchten, und sie mit schwerer Kost, als Spelz und Roggen, sehr ärmlich gespeiset; auch haben sie viel Schmach, Schimpf und Lästerung ertragen müssen, die man ihnen wegen ihres Glaubens angetan hat.

Man gab zuerst vor, man wollte sie lebenslänglich gefangen halten, wozu sie sich in Geduld getrost und auf die Gnade des Herrn gefasst gemacht hatten. Als sie aber sahen, dass sie hiermit dies Laute in ihrem Glauben und ihrer Religion nicht erschüttern konnten, haben sie einen anderen Plan gefasst (laut dessen, was aus dem Elsass berichtet worden ist), nämlich, dass sie eins von diesen drei Stücken erwählen sollten:

1. Mit ihnen in die Kirche zu gehen,

Oder 2. auf ewig auf die Galeere geschickt zu werden,

Oder 3. durch des Scharfrichters Hände zu sterben.

Gewiss eine schwere und harte Wahl! denn die erste Bedingung betrifft die Seele, die beiden letzte aber den Körper; wenn man nun von diesen drei Stücken erwählen wollte, so müsste ohne allen Zweifel entweder die Seele oder der Körper, oder wohl beide zugleich in Gefahr laufen. [...]

Im Jahr 1671 ist abermals eine schwere Verfolgung über die Taufgesinnten im Berner Gebiete vorgekommen, welche so streng war, und so lange anhielt, dass es den Anschein hatte, als wollte die

Obrigkeit nicht ablassen, bis sie das Volk aus ihrem Gebiete ganz vertrieben oder ausgerottet hätte. Daher ist es geschehen, dass an 700 Personen, klein und gross, genötigt worden sind, ihren Erweb aufzugeben, ihr Gut, auch viele ihr Blut, ihre nahe Verwandtschaft und ihr irdisches Vaterland zu verlassen und sich mit einander in die Pfalz zu begeben, in der Hoffnung, es werde der Herr es so fügen, dass sie einen Aufenthalt dort finden würden. Wie es nun zugegangen sei, als sie dort hingekommen sind, haben wir selbst mit unseren eigenen Augen angesehen und alles was von Ort zu Ort besichtigt, wohin sie gezogen sind, um Wohnung zu suchen.[29] Das Leben als Taufgesinnter war sehr hart, mit viel Leid und Schmerz verbunden. Jedoch nahmen viele der Gläubigen all die Schmach auf sich, ertrugen unmenschliche Schmerzen und starben in Würde.

---

[29] Thielem J. v. Braght, Der blutige Schauplatz, oder Märtyrer-Spiegel der Taufgesinnten, oder Wehrlose Christen, Pathwan Publishing Corporation, Aylmer Ontario, La Grange Indiana, 1996, S. 618

Täufer im Berner Oberland

Es lässt sich nicht feststellen, ob das Täufertum auch hier Eingang gefunden hat und wie tief der Einfluss dieser religiösen Bewegung auf die Gemüter gewesen ist.[30] Jedoch sind beim genauen Hinsehen und bei intensiver Forschungsarbeit etliche Namen von Täufern zu finden. Da sich die Täufer in Hauskreisen, bei jemandem zu Hause, zum Gottesdienst trafen, wussten nur wenige, wer dieser Bewegung angehörte. In Spiez und Einigen sind nur sehr wenige bekannt. Ihre Namen werden nur in Ausweisungs- und Gefängnisprotokollen oder bei Todesurteilen genannt. In Einigen ist das eine Person und in Spiez werden zwei mit Namen genannt. Wobei der in Einigen kurz nach der Reformation und die beiden von Spiez ums Jahr 1711 erwähnt wurden. Das deutet darauf hin, dass es doch einige Täufer in der Region um Spiez gab, die sich in Hauskreisen trafen, jedoch nicht mit Namen bekannt waren. So besteht durchaus die Möglichkeit, dass die Täuferbewegung um Spiez über eine längere Zeit aktiv war. Die erste Erwähnung finden wir 1538 und die vorerst letzte 1711. In der näheren Umgebung von Spiez und im Berner Oberland sind viele Täufer mit Namen bekannt. Jedoch sind auch diese Namen fast immer im Zusammenhang mit Gefangenschaft, Auswei-

[30] Keller, S. 131

sung oder einer Hinrichtung genannt worden. Um all den Menschen, die ihres Glaubens Willen leiden mussten, gefoltert, misshandelt, vertrieben, auf die Galeeren verbannt oder hingerichtet wurden, einen Namen zu geben, diese beim Namen zu nennen, will ich jedes Opfer, das im Berner Oberland des Glaubens willen verfolgt wurden, mit seinem Namen nennen und werde alle, die ich finden konnte, nachfolgend erwähnen. Schon im Jahr 1529, ein Jahr nach der Reformation im Berner Oberland, erscheint der Name: Conrad Eicher von Steffisburg. »Conrad (Konrad) Eichacher (Eicher) wurde im Sommer 1529 gefangen und am 21. 2. 1530 ertränkt.«[31] Ein weiterer Mann mit Namen Eichacher aus Steffisburg, möglicherweise Hans, war 1530 gefangen. Peter Stucki aus Wimmis, wird im Märtyrer Spiegel mit dem Hinrichtungstag 16. April 1528 erwähnt und Peter Wessenmiller von Wimmis wurde am 17. Herbstmonat hingerichtet. Stefan Rügseger, dem dieses Buch gewidmet ist, wurde am 8. Tag Wintermonat getötet. Darauf folgte Peter Anken aus dem Simmental, im Jahr 1539 gefangen genommen und in Bern am 1. Mai 1542 mit dem Schwert hingerichtet.[32]

---

[31] www.geneal-forum.com 21.01.2017
[32] geneal-forum

Nun folgt eine Liste mit den Namen der Berner Oberländer Täufer:

Christen Schumacher, Christen/Ani, Steffisburg, der Täufer Sekte verdächtig, 1644.
Eicher-Tschanz Christen/Babi, Steffisburg, Halbtäufer, 1675
Eimann-Oppliger Hans/Anna, Steffisburg, Anabaptisten, 1672
Gerber-Fahrni Christen/Barbara, Steffisburg, Anabaptisten, 1671
Gerber-Lehman Uli/Barbara, Steffisburg, Anabaptisten, 1671
Hertig in der Äbni Andreas/Christina, Täufer in Oberhofen, 1668
Hintermann-Blank Hans/Magdalena, Steffisburg, Täufer, 1664
Rüsser-Ellenberg Christen/Elsbeth, Steffisburg, Täufer, 1699
Wäber-Rohrbach Hans/Babi, Steffisburg, des Täufers Caspar Wäbers Sohn, 1664. (Personen welche in einem bernischen Taufrodel als Täufer oder Anabaptist vermerkt worden sind)

Fahrni Peter, Thun, Wiedertäufer
Ösch Christen, Thun, Wiedertäufer
Rupp Hans, Steffisburg, Wiedertäufer, 1706
Sauser Anna (Hans Fahrni), Steffisburg, Täuferin, 1703

Sauser Margreth, (Fahrni Peter), Steffisburg, Täuferin, 1703
Schmid Madlena, von Wimmis, Täuferin, wohnhaft zu Gröningen/Holland, 1719. (Täufer, welche nicht in Kirchenbüchern zu finden sind)

Amman-Jurth Jacob/Anna Maria, Steffisburg, 1700
Blum-Gabarell Hans Ulrich, Steffisburg, 1695
De Gir – Blank Jsaac/Margreth, Steffisburg, 1645
Fahrni-Sutter Hans/Anna, Steffisburg, 1672
Götschman-Hager Christen/Christina, Steffisburg, 1706
Graber Ulrich – Rüdler Anna, Saanenland, 1694
Jung- Augspurger Hans/Christina, Steffisburg, 1676
Karlen-Lehnherr Christen/Anna, Diemtigen, 1677
Keller-Muffli Hans/Elisabeth, Steffisburg, 1658
Klopfer-Hugi Christoffel/Cuneli, Erlenbach, 1693
Müller-Schehlhorn Martin/Maria, Steffisburg, 1660
Müller-Schneider Martin/Barbara, Steffisburg, 1686
Räber-Würsten Jacob/Jacobe, Erlenbach, 1681
Reusser-Dellsperger Christen/Maria Ester, Steffisburg, 1681
Schmid-Schneider Christoffel/Anna, von Schoren am Dürrenast, 1695
Stäli-Surer Chasper/Bendichtli, Sigriswil, 1701

Stucki-Huswirth Michel/Christina, Erlenbach, 1660 bis 1666. (Auswanderer und Einwanderer in bernischen Kirchenbüchern)

Blum-Wolff Christian/Anna, von Sigriswil, 1697
Carle-Betsche Johannes/Elisabeth, von Äschi, 1702
Grob-Braun Hans/Jacob/Magdalena, von Steffisburg, 1709
Jaggi-Hotz Hans/Anna Maria, aus dem Obersimmental, 1710
Kropf-Mosiman Joh.Rod./Anna, von Steffisburg, 1730
Maurer-Dolder Christian/Magdalena, von Frutigen, 1726
Meyer-Letscher Heinrich/Catarina, von Frutigen, 1693
Meyer-Winckler Johannes/Anna, von Boltigen, 1704
Schwartz-Stenz Ulrich/Verena, von Steffiburg, 1695
Stöckli-Grass Hans/Anna, von Chrattigen (Krattigen), 1693
Graf Jacob, von Äschi, gest. 22. November 1717
Jung Hans, von Beatenberg, 1704
Kernen-Buchman Christian/Elisabetha, zu Äschi, 1711

Lötscher-Feller Peter Bendicht/Elisabetha, Diemtigen, 1701. (Schweizer im Elsass und in der Pfalz)[33]

Zum Thema „Täufer in der Schweiz“ finden wir bei www.geneal-forum.com folgende Hinweise zu Täufern aus dem Berner Oberland:

Anken Hans aus Amsoldingen, nach September 1543 in Bern mit dem Schwert hingerichtet. (Es könnte sich möglicherweise um den Hans Anken aus dem Simmental handeln, der 1542 hingerichtet wurde.)
Anken Hans, Lehrer, Ältester, Landmann, 37 Jahre alt von Spiez, 1711 in Amsterdam 1712 in Groningen, 1 Sohn, 2 Töchter.
Anken Peter aus dem Simmental, in Bern am 1. Mai1542 mit dem Schwert hingerichtet.
Barben Verena, ledig, 30 Jahre alt, Näherin von Spiez, 1711 ausgeschifft.
Bauer Hans, ref. 1711, 41 Jahre alt, Weinbauer von Oberhofen, verheiratet mit Willener Anna, 34 Jahre alt, 2 Söhne, 2 Töchter, sind 1711 in Amsterdam, 1712 in Sapemmeer.
Burckholder Hans, Täuferlehrer aus dem »Schniggenen« (Thun) Kanton Bern, wird am 24.

[33] Paul Hostettler, Von bernischen Täufern im 16. bis 18. Jahrhundert und ihrer Auswanderung in die alte und neue Welt, Bern, 2008, S. 18-30

September 1658 gefangen und am 25. Novermber 1658 von Bern ausgewiesen, mit Güngerich Christian. Er entweicht 1669 und kommt mit Frau und 7 Kindern, 17-23 Jahre alt, nach Kriegsheim. Er siedelt nach Gerolsheim. Er ist 1672, 65 Jahre alt, sie 55 Jahre alt.
Van Calcar Peter, Leendert, Oberhofen, Schweiz, Sohn nach USA.
Eicher Elsbeth, ledig, 1711, 26 Jahre alt, Landmagd von Schwarzenegg, ist in Amsterdam gefangen.[34]

So weit einige Namen von Taufgesinnten, welche im Berner Oberland eine bestimmte Zeit lang lebten. Im Vergleich zum Emmental lebten im Oberland jedoch nur eine geringe Anzahl Täufer, welche in den Kirchenbüchern einen Eintrag fanden oder in Gefängnis-, Ausschaffungs- oder Hinrichtungslisten vermerkt sind. Ob das damit zu tun hat, dass im Oberland die Kontrollen weniger intensiv waren, sodass sich die Täufer ungehindert in Hauskreisen treffen konnten, oder die späte Reformation das Führen der Taufrodel hinaus zögerte, ist bloss eine Vermutung. Das Taufbuch von Einigen beginnt am 20. Februar 1558. Mit grosser Wahrscheinlichkeit wurde zuvor kein Taufbuch geführt, der letzte Eintrag ist am 3. Oktober 1640, was ein Zeitraum von 82 Jahren für

[34] www.geneal-forum.com Täufer in der Schweiz, 21.01.2017

dieses Buch ergibt. Da der frühste Zeitpunkt für die Führung eines Taufbuches nach 1528 war, wäre ein Vorgänger-Taufbuch mit nur etwa 30 Jahren und etwa zwei bis fünf Taufen pro Jahr ein sehr dünnes Buch gewesen. Ich gehe davon aus, dass bis zum Jahr 1558 kein Taufbuch geführt wurde und somit war es für die Obrigkeit nicht einfach herauszufinden, ob ein Neugeborenes der neuen reformierten Kirche oder den Täufern angehörte.

Obschon die Täuferbewegung im Berner Oberland nur in kleinen Gruppen ihren Glauben lebte, ist es doch verwunderlich, dass einer ihrer Lehrer und der geistige Vater der Amischen Gemeinschaft aus Erlenbach im Simmental kommt. *Jakob Ammann wurde am 12. Februar 1644 in Erlenbach im Simmental in die Familie eines Schneidermeisters geboren. Auch Jakob führte diesen Beruf später offenbar aus. Ob seine Familie bereits zu einer der vielen täuferischen Untergrundgemeinden in den Tälern des Kantons Bern gehörte, oder ob Jakob und sein Bruder Ulrich sich erst als erwachsene Männer einer Täufer Gemeinde anschlossen, ist unklar. Spätestens jedoch um das Jahr 1680 wurde Ammann bei den Berner Kantonsbehörden erstmalig aktenkundig und wegen seiner Zugehörigkeit zur <täuferischen Sekte> gesucht. Zu etwa diesem Zeitpunkt war Jakob Ammann offenbar in Oberhofen am Thunersee* *ansässig. Er verliess möglicherweise unter dem Druck der Verfolgung gegen die Berner Täufer im Allgemeinen und seine Person im Besonderen den Kanton und hielt sich bis zu Beginn der 1690er Jahre im Jura oder Elsass auf. Sein genauer Aufenthaltsort in dieser Zeit ist jedoch unbekannt. Erst um das Jahr 1693 trat Ammann nachweislich wieder im Emmental in Erscheinung und wurde hier zum Zentrum einer heftigen innertäuferischen Kontroverse, die schliesslich zu einer dramatischen Spaltung unter den Schweizer Brüdern führen sollte. [...] Da er rasch über Anhänger im Bereich des Thunersees verfügte, ist auch anzunehmen, dass Ammann ursprünglich von dortigen, mit der örtlichen Gemeindeführung unzufriedenen Kreisen angefordert worden war. Gleichwohl bleiben auch diese Überlegungen spekulativ.*[35] Unter der Führung von Jakob Ammann entstand 1693 eine neue, nach ihm benannte Gemeinschaft – die Amischen. Irgendwann vor dem Jahr 1730 dürfte der Täuferlehrer Jakob Ammann gestorben sein.

Ob nun Jakob Ammann, der Gründer der Amischen wirklich aus Erlenbach stammt, bezweifelt Paul Hofstettler in seiner Schrift. »Der wahre familiäre Ursprung der Amischen«. In seiner historischen Untersuchung der Familien Amman/Ammen in bernischen Voralpenraum kam er

[35] www.taeufergeschichte.net 25.01.2017

auf spannende Erkenntnisse. Im Vorwort seiner Broschüre geht er auf die Fragen ein: *Seit Jahren stehen Fragen um die Herkunft Jacob Ammanns ungelöst an, des sogenannten Begründers der Amischen. Jene, die eine Lösung glauben gefunden zu haben, legten wiederholt ihre Sicht in den Jahrbüchern des mennonitischen Geschichtsvereins dar, wie auch im elsässischen Organ <Souvenance Anabaptistes>, ohne sich weiter um ihren falschen Ansatz zu kümmern und ohne die längst fälligen Belege beizubringen.*[36] Ob nun Jakob Ammann aus Erlenbach oder sonst einer Region im Berner Gebiet herstammt, ist für meine Arbeit nicht von grosser Bedeutung. Wer sich jedoch mit der Geschichte von Ammann auseinandersetzen will, dem sei Hostettlers Broschüre empfohlen.

---

[36] Paul Hofstettler, Der wahre familiäre Ursprung der Amischen, Bern 2007, S. 1

40 Hinrichtungen in Bern

Der Hass der Berner Regierung den Taufgesinnten gegenüber begann schon unmittelbar nach der Reformation und steigerte sich in ein unglaubliches Mass an Verbannung, Gefängnisstrafen, Folter und Hinrichtungen. Dazu können wir im Märtyrer Spiegel folgenden Bericht lesen: *Als wir sehr begierig waren. den Zustand der gegenwärtigen Glaubensgenossen, die sich im Elsass aufhalten, desgleichen auch, was sich zuvor unter ihnen in Ansehung ihrer erlittenen Verfolgung zugetragen hat, kennen zu lernen, ist uns eben (durch Vermittelung eines unserer guten Freunde, H. Vlaming, der gegenwärtig in Amsterdam wohnt) ein Auszug aus einer Schrift eingehändigt worden. Welche die Ältesten und Lehrer im Elsass hierüber gesandt haben, welcher (aus der hochdeutschen Sprache übersetzt) lautet wie folgt:*

Was nun diese Brüder betrifft, die im Berner Gebiet um des Glaubens willen hingerichtet worden sind, so sind von dem Jahre 1528 an bis ins Jahr 1566 zwei und vierzig Personen hingerichtet worden, unter welchen acht Weibspersonen waren. Wir besitzen eine kurzen Auszug von ihren Namen und Geschlecht, desgleichen auch in welchem Jahre und auf welchen Tag ein Jeder hingerichtet worden ist.[37]

---

[37] Märtyrer Spiegel, S. 257

Von Vierzig Personen, welche in Bern zu Tode kamen, sind die Namen bekannt, weil Hans Lörsch diese aus dem Turmbuche von Bern abgeschrieben hatte und sie von Christian Kropff aufgehoben wurden. Die Namen dieser Opfer werden im Märtyrer Spiegel genannt. Diese Liste werde ich nun im gesamten Umfang weitergeben: *Zu Bern wurden folgende Personen um des Glaubens willen hingerichtet:*

Im Jahre 1528: Hans Seckler;
Und ein Schreiner;
Ein Hutmacher zu Aarau.
Im Jahr 1529: Conrad Eicher von Steffisburg;
zwei Gläubige aus der Herrschaft Bir;
ein Kessler aus dem Aemmentale;
Ulrich Schneider von Lützelflühe;
ein junger Geselle von Wallis;
Hängerley aus der Herrschaft Alburg.
Im Jahr 1536, den 2. Mai: Moritz Loseneger.
Im Jahr 1537: Bernhard Wälty von Rüderswill, den 7. Tag im Heumonate;
Hans Schweitzer von Rügsau.
Jürg Hoffser von Obergallbach, aus der Herrschaft Signau, den 28. August;
Ulrich Bichsel; Barbeli Willher von Hassli; Barbeli von Studen von Sumiswald;
Catharina Friedli Imhoff;
Vrena Issoli von Schüpbach, aus der Herrschaft Signau;

Ulrich von Rügsau.

Im Jahr 1538: Cunas Seidenkohen von Constanz, den 28. März;

Peter Stucki zu Wimmis, den 16. April;

Ulrich Huben von Rötenbach, aus der Herrschaft Signau;

Hans Willer, im August 1538

Elsbeth Küpfer von Sumiswald 1538

Zwei Frauen, am 28. Mai, eine von Sumiswald, die andere von Höstetten;

Peter Wessenmiller von Wimmis, den 17. Tag im Herbstmonate;

Steffen Rügseger, den 8. Tag im Wintermonate, welcher zu Einigen hingerichtet wurde;

Einer aus der Herrschaft Signau;

Einer von Sumiswald; Rudlph Issoly, aus dem Tannentale.

Im Jahre 1539: Lorenz Aeberly von Grünauw, den 3. Tag im Brachmonate 1539

Hans Schuhmacher, aus dem Aergöüw von Wünistern.

Im Jahr 1542: Einer von Oberbip, den 1. Mai 1542

Peter Anken, aus dem Siebentale.

Im jahre 1534: Christian Oberlen, den 17. Tag im Herbstmonate 1543 Hans Anken aus Ausseldingen;

Wälth Gärber an der Streithalter, aus der Herrschaft Signau.

Im Jahre 1571, den 20. Tag im Wintermonate. Hans Hasslibacher, aus der Herrschaft Summiswald, der zu Hasslibach hingerichtet wurde.[38] Soweit die 40 Namen aus dem Turmbuch von Bern.

[38] Märtyrer Spiegel, S. 621

Hinrichtung in Einigen?

Hans Gustav Keller schreibt in seinem Buch »Einigen«: *Im Jahr 1538 war die Bevölkerung von Einigen Zeuge einer Täuferhinrichtung*[39]. Er bestätigt diese Aussage mit den Worten: *»dass einer ihrer Führer in Einigen für seine Glauben sterben musste.«*[40] Diese beiden Aussagen erklären, dass Stephan Rüegsegger in Einigen hingerichtet wurde. Was im selben Abschnitt noch einmal bestätigt wird: *Am 8. November 1538 wurde der Täufer Stephan Rüegsegger von Signau in Einigen hingerichtet.*[41] Keller beruft sich dabei auf die Aussage von Ad. Fluri, aus einem Text in <Blätter für Bernische Geschichte, Kunst und Altertumskunde, 8. Jahrgang, Bern 1912>, dem Beitrag zur Geschichte der bernischen Täufer, aus dem folgende Worte zu entnehmen sind: »Stäffen Rügseger, den 8 Tag Wintermonath wurde zu Einygen getöted.« Hier irrte Keller.

Bevor wir uns nun mit der Frage, wo Stephan Rüegsegger hingerichtet wurde, befassen, möchte ich der Person Rüegsegger einige Zeilen widmen. Es steht geschrieben, dass »Stephan Rügseger von Signau ...« So müssen wir uns kurz mit der Familie Rüegsegger beschäftigen. Vor dem Jahr 1589

[39] Keller, S. 131
[40] Keller, S. 131
[41] Keller, S. 131

wurden in Signau keine Taufrodel und keine Eherodel geführt. So können wir nicht auf ein Taufdatum von Stephen Rüegsegger zurückgreifen, der möglicherweise um die Jahrhundertwende, um 1500 geboren wurde. Seine Kindheit verbrachte er mit grosser Wahrscheinlichkeit auf einem Bauernhof in der Gemeinde Signau und wurde katholisch erzogen. Wie und wo er die Reformation erlebte, ist nicht nachvollziehbar. Wann und warum er sich unmittelbar nach der Reformation zu den Täufern bekannte, könnte mit seiner Herkunft im Zusammenhang stehen. Ob er und seine Familie schon in Signau verfolgt wurden, könnte eine Möglichkeit gewesen sein. Das Emmental wurde mit der Reformation sehr schnell zu einer Hochburg der Täuferbewegung. So könnte es durchaus sein, dass der junge Täufer Stephan das Emmental in Richtung Berner Oberland verliess und in Einigen am Thunersee bei einem Bauern Arbeit und Unterschlupf fand. Das könnte ums Jahr 1533 gewesen sein. In der Region am unteren Thunerseebecken gab es einige Hauskreise, wo sich die Täufer zum Gottesdienst treffen konnten. Bei Keller lesen wir, das Rüegsegger »einer ihrer Führer« genannt wurde. So ist anzunehmen, dass er Zusammenkünfte leitete und als Laienprediger der Täuferbewegung tätig war.

In Signau taucht der Name Rügseger im Jahr 1595, 14. November, zum ersten Mal auf. Es wird ein Hans Rügseger genannt. Derselbe Hans Rügseger taufte im Jahr 1597 einen Sohn mit Namen Wilhelm und im Jahr 1599 brachte Hans Rügseger eine Tochter Madlen zur Taufe. Ob diese Familie Rügseger mit Stephan Rügeger aus Einigen im Zusammenhang war, ist mit grosser Wahrscheinlichkeit anzunehmen, da dieser Name, der im ersten Taufrodel von Signau geführt wurde, nur im Zusammenhang mit dem vorgenannten Hans vorkommt. Es besteht durchaus die Möglichkeit, dass die Geschwister von Stephan, welche in Signau blieben, der neuen reformierten Kirche angehörten und ihre Kinder nach neuem reformiertem Brauch taufen liessen. Das könnte auch ein Grund gewesen sein, warum Stephan seine Familie verliess und sich am Thunersee einem Täuferhauskreis anschloss, wo er einer der Führer wurde.

Nun stellt sich die Frage, wo wurde Rüegsegger hingerichtet? Auf der Liste der 40 Hingerichteten wird bei keinem der Hinrichtungsort angegeben, nur seine Herkunft. In der Einleitung zur Liste mit den 40 getöteten, auf Seite 62, fügt er einen Text aus dem Märtyrer-Spiegel ein, in dem zu lesen ist: *Es ist bei dem Ende dieser hochteutschen Auflage in die Hände kommen ein Auszug, welchen Hans Lörsch bey unvermutheter Gelegenheit aus dem Thurn-Buch zu Bern geschrieben, und von Christian Kropff aufgehoben worden, und lautet wie folget:*

Im Jahr 1528 war der Disputat gehalten um die Mess zu Bern, Welche zu Bern um des Glaubens willen waren getödtet und gerichtet worden: alhier mit Nahmen vermeldet: Es folgt die Liste mit den 40 Namen. Im Märtyrer-Spiegel, aus dem diese Aussagen stammt, wird davon geschrieben, dass die um des Glaubens Willen in Bern hingerichtet wurden. In Einigen wurde nie jemand Zeuge einer Täuferhinrichtung. Einigen hatte nie einen Richtplatz und keine Möglichkeit, jemanden öffentlich zu richten. Auch fehlte in Einigen eine Gerichtsbarkeit. Niemand in Einigen hatte die Befugnis, Recht zu sprechen. Somit ist die Aussage von Hans Gustav Keller falsch, wenn er schreibt, dass in Einigen ein Mann hingerichtet wurde. Stephan Rüegsegger lebte und arbeitete mit grosser Wahrscheinlichkeit in Einigen, wurde von Leuten aus Einigen verraten und an die Behörden von Bern ausgeliefert, wo er möglicherweise vorerst im Blutturm in Bern gefangen war. Zu dieser Zeit wurden die Täufer im Blutturm gefangen gehalten, was auch das Turmbuch bestätigt, aus dem die Namen sind. Hier wurde er befragt, mit grosser Wahrscheinlichkeit auch gefoltert und da er sich nicht von seinem Glauben lossagen wollte, zum Tode verurteilt und in der Aare ertränkt.

Die Möglichkeit, dass Stephan Rüegsegger in Spiez hingerichtet wurde, schliesse ich aus, obschon ich in einem Text aus dem Jahre 2013 dies als möglich erachtete. Obschon Spiez das Hochgericht »Stock und Galgen« besass und beim Galgen auch Skelettreste gefunden wurden, konnte in Spiez keine Hinrichtung eines Täufers stattgefunden haben. Die verratenen Taufgesinnten mussten nach Bern überstellt werden. Eine Meldung zu machen, war in kleinen Ortschaften fast immer die Aufgabe des reformierten Pfarrers. Zur Zeit, als Stephan Rüegsegger in Einigen lebte, war auch ein Pfarrerwechsel in der Kirche zum Paradies zu verzeichnen. In den Jahren 1532 bis 1537 hatte das Amt Pfarrer Johannes Fueter inne und ab 1537 bis 1541 war Pfarrer Felix Eggenberg im Amt. In welchem Zusammenhang der eine oder andere der beiden Pfarrherren etwas mit der Auslieferung von Stephen Rüegsegger zu tun hatten, ist nicht nachvollziehbar. Jedoch besteht durchaus die Möglichkeit, dass der Ortspfarrer von Amteswegen verpflichtet war, der kirchlichen und weltlichen Obrigkeit Meldung zu machen und Hinweise auf mögliche Täufer im Pfarrkreis zu erteilen. Den »Rest« übernahmen die Täuferjäger, welche die gesuchte Person aufgriffen und den Behörden in Bern überstellten.

Die Welle von rüden Verhaftungs- und Beschlagnahme-Aktionen durch die Obrigkeit und die in ihrem Auftrag agierenden <Täuferjäger> und Vögte erreichte zwischen 1669 und 1671 *ihren traurigen Höhepunkt. Gemäss geheimer Weisungen sollten die weiterhin im Verborgenen bestehenden Täufer-Gemeinden durch Spitzel infiltriert werden. Für gefangene, beziehungsweise enttarnte Täufer sollten künftig an die Vögte und ihre Häscher besondere Kopfgelder gezahlt werden.*

Ein neues Mandat bestimmte ferner, dass jedes bernische Dorf, welches in seiner Mitte Täufer duldete, solange auf eigene Kosten angesehene Bewohner als Geiseln nach Bern zu entsenden hätte, bis alle Täufer angezeigt und endgültig ergriffen seien. Die Berner Regierung setzte also nicht allein darauf, die Täufer wirtschaftlich zu ruinieren, sondern auch ein für allemal das weitverzweigte Netz von Taufgesinnten Sympathisanten zu zerschlagen.

Mit der Drohung <uneinsichtige> und <unbelehrbare> Täufer nun auf französische und venizianische Galeeren verbringen zu lassen, was faktisch einem Todesurteil gleichkam, suchte man den Druck auf die landschaftliche Täuferschaft noch einmal deutlich zu erhöhen.[42]

---

[42] Täufergeschichte.net Verfolgung gegen die Berner Täufer, 17. 10. 2015

Das Wiedertäufer-Mandat

Wohl keine Obrigkeit hat in Landesväterlicher Fürsorge mehr Mandate und Ordnungen erlassen, als eine löbliche Stadt Bern. Die Mandate der Jahre 1528 bis 1798 füllen nicht weniger als 34 Folianten; dazu kommen noch die zahlreichen grösseren Ordnungen, die, weil sie im Druck erschienen, nicht eingetragen worden sind.[43] Mit diesen Worten beginnt Ad. Fluri seine Einleitung zu: »Das Wiedertäufermandat vom 9. August 1659«. Ein Mandat, mit dem sich die löbliche Stadt Bern das Recht auferlegte, Menschen zu vernichten. Ein Recht, das dazu diente, gegen Frauen, Kinder und Männer vorzugehen, welche sich in keiner Art und Weise schuldig machten. Menschen, deren einziges »Verbrechen« darin bestand, dass sie keine Waffen tragen wollten, sich mit dem Wort Gottes auseinandersetzten und ihre Kinder nicht taufen lassen wollten. Ein Recht, das den Behörden die Macht über Leben und Tod gab, über Gefängnisstrafen, Folter, Ausweisungen und die Todesstrafe, die auch oft angewandt wurde. Was ein Mandat ist, werde ich mit den Worten von Ad. Fluri nun weitergeben: *Das Mandat hat – wie unsere Gesetze, Dekrete, Paragraphen und*

---

[43] Dr. Gustav Grunau, Ad. Fluri, Blätter für bernische Geschichte, Kunst und Altertumskunde, Bern, Druck und Verlag von Gustav Grunau, 1912, S. 141.

Alineas übrigens auch – das Wohl des Staatsangehörigen im Auge und begleitet ihn von seiner Wiege bis zum Grabe. Es wacht darüber, dass bei seiner Geburt die Hebamme keine <abergläubischen Sachen mit Sprechung sonderbarer Wörtern> anwende, dass bei seiner Taufe nicht zu viel gegessen oder getrunken werde. Dass Götti und Gottenen ihn nicht mit Geschenken überhäufen, dass er nicht allzu köstlich gekleidet werde, dass seine Eltern ihn gut erziehen, dass er nicht fluche, weder spiele noch tanze und vor allem nicht Tabak <reucke>. Kommt er in die Jahre, dass er daran denkt, sich einen <Ehegemahl> zu suchen, so zeigt es ihm, was die Heirat mit einem fremden Weibe für Folgen haben kann. Kommt's zu einer Verbindung, so bestimmte es den Speisezettel des Hochzeitsmahles sowie die Zahl der Gänge. Die jungen Eheleute schützt es vor dem unsinnigen Mutwillen der Nachtbuben.

Es gibt keinen Stand und keinen Beruf, dem es nicht etwas zu sagen hätte. Bald warnt es vor Lotterien, Glückshäfen und Hazardspielen, bald vor Duell, Ausgelassenheiten und Violentzen. Alljährlich am ersten Sonntage nach Ostern lässt es von der Kanzel seine Verwahrung wider die im Schwang gehenden Sünden und Laster hören. Treten Seuchen auf unter Menschen und Vieh, so gibt es dem gemeinen Mann eine Anleitung, wie er sich zu verhalten habe. Stirbt er gleichwohl, so sorgt *es dafür, dass das <Gräbdmahl> nicht in ein unordentliches Gelage ausarte.*

Kein Wunder, wenn Mandatensammlungen das Eldorado des Kulturhistorikers sind! Nicht, dass hier lauter Licht und Sonnenschein zu finden wäre, im Gegenteil sehr oft herrschet das Düstere vor; so auch in dem Mandat, das wir seiner Seltenheit und des Inhaltes wegen hier abdrucken lassen. Mann kennt 9 gedruckte bernische Wiedertäufer-Mandate.[44]

Um zu verstehen, wie Bern mit den Täufern umging, werde ich das Wiedertäufer-Mandat von 1659 in vollem Umfang weitergeben. Jedoch erlaube ich mir, der besseren Verständigung wegen, den Text ins heutige Deutsch zu übersetzen.

Das Titelblatt gebe ich im Originaltext weiter, das da lautet:

Erfrischung und Erläuterung der Alten / und vor diesem auss=gangenen

Ordnungen un Man=daten/ wie inn der Teutschen Landtschafft BERN procediert wer=den solle:

[44] Ad. Fluri, S. 141-142

Wider die irrige/ verführische schädliche und unleidenliche Sect der

Wider=täufferey

und derselben Zugethane und anhängere.

Tit. z. v. r.

Erinnere Sie/ dass sie den Fürgesetzten und dem Gewalt unterthan/ der Obrikeit gehorsam/ und zu allen guten Wercken bereit seyen.

(Berner Wappen)

Gedruckt zu Bern/ bey Georg Sonnleitner Jm Jahr/ M. DC. LIX.

Wir Schultheiss und Rat der Stadt Bern lassen allen Ausrichten und allen unseren Amtsleuten, Predigern und Vorgesetzten, Geistlichen und weltlichen Standes, in allen Städten, Grafschaften, Herrschaften und Gerichten unseres deutschen Landes, unseren gnädigen guten Willen und Gruss, und dabei zu verstehen. Wiewohl seit unserer christlichen Religions- Reformation an, von unseren Geehrten und Frommen Regiments-Vorfahren und uns, von Zeit zu Zeit, die jederweilige ernstliche Erinnerung und befehlsgebende Ermahnungen und Ordnungen ausgegangen. Wie durch Mittel, als auch mit Eifer und Ernst, dem eingerissenen, von allen christlichen Obrigkeiten, aus dem unfehlbaren Grund Göttlichen Wortes verworfenen Irrtums, und heuchlerischen verführerischen Sekte der Widertäufern[45] *als einen unguten, gefahr- und schädlichen Sauerteig, der Verwerfung des Obrigkeitlichen Schirmstandes. Dadurch viel Land- und Stand verderbliches Übel angerichtet werden kann, zu begegnen und abzuhelfen sei, so müssen wir doch aus der Erfahrung bedauerlich sehen und verstehen, dass solcher Befehl keine wirkliche Beobachtung und Exekution erreichen mögen und von solchen nachsehen wegen, dieses Übel bis auf diese Zeit mehr zu als abgenommen hat.*

Damit aber demselben sein schädlich-verführerischer Gang desto weniger gelassen wird, sondern dem mit ernst gestört und möglichst im Grund abgeholfen werde, haben wir zuerst den Mängeln solcher Forderungsverletzung und nicht Erstattung der ausgegangenen Befehlen und Ordnungen und derselben Ursachen, nachforschen lassen, und darüber das angelegentliche Nachdenken gehalten. Was hier von Obrigkeitlichem Standes, Amtes und Pflicht wegen, uns mit Ernst oblegen seien lassen sollen, diesem Irrtum, und was der Helvetischen Evangelischen Glaubens Bekenntnis entgegen läuft, in unseren Landen, und

[45] Widertäufer= gegen die Taufe (Kindertaufe)

unter unseren, von GOTT uns anbefohlenen und vertrauten lieben Angehörigen, nicht zugestatten: dagegen aber die unseren zu rechter Erkenntnis Gottes zuführen, und dabei zu erhalten.

Die Mittel nun, die wir hierin zu solchem unserem Absehen und Vorhaben zu brauchen gut fanden, bestehen in zwei Hauptpunkten.

I.

Als erstes in Wiederlegung der bevorzugten Anstosses Ursachen, welche die so genannten Widertäufer verwenden, sich von den allgemeinen christlichen Versammlungen abzusondern.

II.

Uns fürs Andere in der Prozedur und Verfahrens, welche gegen diese die der Sekte angehören, gehalten werden soll.

I.

Der erste Punkt begreift und erfordert ein Gottseliges Lebewesen und Tugendsames verhalten, und der offenen Lastern gebührend Abstrafung: Deshalb die Vorgesetzten in beiden Ständen, zu ihrer Beobachtung und Erstattung ihrer Pflicht, hiermit folgende ernstliche Erinnerungen empfangen sollen.

1. Der Amtspersonen tugendhaftes Leben, mit welchem ein jeder seien Untergebenen vorzuleben sich bemühen soll, kann zu einem guten Beispiel dienen, und den widrigen Anstoss verhüten: Sonderlich im fleissigen besuchen der Predigten und anderen christlichen Veranstaltungen. Damit nicht irgendwann solche abgetrennte Leute versuchen zu sagen, was in diesem Teil von ihnen geklagt: das werde auch die Unseren, den Vorgesetzten selbst unterlassen.

2. Die Prediger dann werden hierin wohl erbaulich sein, wenn sie beides im Kirchendienst bös Nachreden und dann auch im Leben Ehrbar, Gottfällig, Unärgerlich und Unanstössig sich verhalten. Also das nicht sonderlich von ihnen viel schlechtes geklagt und angewendet werden könne. Und ist ihres Berufes wegen, müssen sie die Predigten, die Lehre und Wahrheit recht und vielen zum Nutze anwenden. Und so oft der Anlass dazu einlädt, diesen täuferischen Irrtum, deutlich hervorzuheben, die Lehre der Täufer zu widerlegen und die Gemeinde und jeder alle Einwürfe wohl Zuhörer eines anderen und besseren unterrichtet.

3. Ins gesamt sollen die Vorgesetzten beider Stände, sonderlich der Orte wo solche Leute leben, ein jeder in seinem Berufe das seinige ausrichten und zu handeln wissen. Als vor den Augen des Allwissenden Gottes und mit gesamter Hand wie ins gemein, also sonderlich am Chorgericht, recht eifrig und immer dahin arbeiten und Handerheben, dass die offenen Laster der Huren, Un-

zucht, des Fluchen und Schwören, übermässigem Essen und Trinken und alles anderen Gottlosen und ärgerlichen, ruchlosen, üppigen Lebens. Nach unseren ausgeführten Mandaten und Ordnungen, mit Ernst und ohne Nachsehen abgestraft, Tugend und Ehrbarkeit dadurch gepflanzt, und also denjenigen so ihren Austritt von der Kirche, mit solchen anstössigem Leben entschuldigen wollen, dessen alle Ursache genommen werde. In der Absicht aber und für das wirklichste gehört zu diesem unser Hauptzweck, die Anrufung Gottes, das er zu der öffentlichen Verkündigung der reinen Lehre das Gedeien und Wachstum geben, und den leidigen Satan zurück halten und verhüten wolle, dass nicht unter dem Schein der Einfalt, Frömmigkeit und Heiligkeit das Landschändliche und verderbliche Unkraut der Heuchler, des Ungehorsams gegen Gott. Die schnöde Verachtung des öffentlichen Gottesdienstes der heiligen Sakramenten: und anderen heiligen Ordnungen, auch der Schuldigkeit und Gebühr gegen uns der christlichen Obrigkeit, fortgepflanzt werde.

II.

In den anderen Hauptpunkten dann, wie Namentlich gegen solche irrige Leute zu verfahren sei, sind zwei Dinge zu tun: Erstens wie Dieselben entdeckt und zur Hand gebracht werden mögen.

Danach, was mit denen, die gefangen genommen worden sind, vorzunehmen und zu handeln sei.

1. Das Erste betreffend; Diesen Leuten ist schwerlich bei zu kommen, als solchen von den anderen selbst, mit denen sie durch heirat oder sonst wie verwandt sind, sonderlich von denen, bei welchen, wenig Kenntnis Gottes und Eifer zur Religion an zu haften. Versteckt und verborgen halten sie ihre Versammlungen meistens in der Nacht, und an verborgenen oder sonst unbekannten Orten (Aborten) ab. So sollen unsere Amtleute allen Ernstes und bei ihrer Geschworenen Eid- und Amtspflicht, auch bei Strafe der Übersehung derselben, ermahnt und schuldig sein, durch sich selbst und ihre Unteramtleute und untergebenen, denselben sonderlich den Lehrern mit grösster Anstrengung nachzustellen und aller Orten. Sei es auf Bergen oder in Tälern, Hölzernen oder Öden, nach Täufern suchen, nachforschen und möglichst gefangen zu nehmen (in die Hand zu bringen).

Dieselben aber, und ihre Anhänger umso besser zu erkennen und zu entdecken, wollen wir unsere Kirchendiener, als eingesetzte Hirten, gleichen ernstes, und ihrem darauf Buchstäblich geschworenen Eides nach. Ermahnt, Verpflichtet und Verbunden haben, dass ei jeder derselben sonderlich der Orten, da diese Sekte aufgespürt wird, jährlich wenigstens zwei mal, mit zwei oder drei Mitglieder des Chorgerichts, in seiner Gemeinde von

Haus zu Haus einen Umgang machen. Alle Kirchenangehörige, das ist Mann und Frau (Weib) Alte und Junge, ordentlich zu verzeichnen: Folgendes auf dieselben ein anstrengendes Hirten-Auge zu werfen, ob die einen oder anderen die Predigten, Kinderlehren, Gemeindegebete und sonderlich auch die heiligen Sakramente besuchen und gebrauchen. Die Fernbleibenden, auch die, die ihre Kinder nicht zu rechter Zeit, oder gar nicht zur heiligen Taufe bringen, und dadurch den Abtritt von der Gemeinde, in der gemeinsamen Arbeit bezeugen, aufzuschreiben und dieselben dem Vorgesetzten Oberamtsmann zu jeder Zeit, nicht allein mit dem Namen zu verleumden. Sondern auch demselben die Personen und ihre Wohnungen so weit sie bekannt werden mögen, zu verzeigen und an allem dem, was zu solchen Personen Verhaftung erfordert wird, nicht zu unterlassen.

Und damit diese so notwendige Arbeit nicht abermals, wie bisher, an der Ausführung ende, oder sonst aus Mangel notwendigen Eifers, erliege und zurück bleibe, sollen unsere Amtleute und Prediger zugleich ihnen wohl einschärfen, in diesem ihrem Befehl und schuldigen Verrichtung mit rechtem ernst, ohne ansehen der Person fortzusetzen. Darin die Nachlässigkeit dulden und durch die Finger sehen, von ihnen spüren, weniger sich durch Verehrung, als verbotene unrechtmässige

Mittel, oder von einigen Genossen wegen, sich davon abwenden zu lassen, als lieb einem jeden ist unsere Ungnade zu vermeiden.

2. Die andere Sache des anderen Hauptpunktes, betrifft die Behandlung gegen die, welche durch vorige Mittel entdeckt und gehandhabt wurden. Diese sind entweder Lehrer und Verführer, oder Anhänger und Verführte.

Die Lehrer, wo deren einer oder mehr durch ernstliches nachsetzen, ergriffen werden mögen, sollen sofort durch den Amtmann in Gewahrsam in unser Weisenhaus (Gefängnis) verschickt werden. Wo die weitere notwendige Behandlung zu ihrer Bekehrung, oder bei verharrender Hartnäckigkeit, die gebührende Strafe an die Hand zu nehmen. Unter dessen sollen Amtleute ihr Gut (Haus) in Versicherung nehmen und dessen ein Verzeichnis uns oder unseren hierzu verordneten Direktoren zu schicken.

Unter den anderen dann, nicht Lehrer, sondern nur ihre Anhänger und Zugetane, ist auch zwischen den Hartnäckigen und Engsinnigen und den einfältigen, schwachen und unkönnenden, eine Unterschied zu machen. Also das gegen denjenigen der mehrere Ernst, gegen diesen aber desto mehr Sanftmut gebraucht werde.

Die einen und die anderen sollen unsere Amtleute und Prediger zusammen ihres und der ihrigen Lebens, Handelns und Glaubens willen, fleissig befragen und erforschen, ihres Irrtums aus Gottes Wort erinnern und überweisen. Und darauf aus gleichem Grund dieselben ihrer Schuldigkeit gegen Gott, seinem Wort, der Predigt desselben, der heiligen Taufe, dem heiligen Abendmahl und der Kinderlehren: Wie zugleich ihrer Pflicht der gehorsame gegen dem Vaterland, und anderen erforderlichen Sachen, solche zu allen Zeiten zu zeigen, mit gebührender Diskretion und Vorsichtigkeit unterweisen und wohl erinnern.

Wenn dann durch dieses freundliche Zusprechen, Unterweisen und Ermahnen, der eine oder andere wieder auf den rechten Weg gebracht werden mag, das ihrerseits zur Besserung und Bekehrung Hoffnung vorhanden ist, der oder dieselben sollen und mögen ohne andere Abschwörung und Leistung des Eids wieder auf freien Fuss gestellt werden. Und als reuende bekehrte Mitglieder, wiederum in den Schoss der Kirche gütlich auf- und angenommen werden: Ohne dass ihnen solches zu einzig widrigen Verweis, Hass, Verachtung oder dergleichen sonders viel mehr zum Lob ihrer Gehorsamen Wiederbekehrung reichen und dienen solle. Da dann die Prediger dieser Orten zum ersten wiedereintritt dieser Wiederbekehrten Menschen, ihre predigten danach richten, dieselben in ihrer Konversion stärken, die übrigen aber insgeheim ernstlich ermahnen sollen, sie um ihres umkehren Willen vielmehr zu ehren, zu loben und zu lieben als darum in einmütigem Weg zu verachten zu schelten und zu hassen. Mit einem ungeärgerten Leben und Wandel in rechter Gottes furcht und Ehrbarkeit ein gutes Exempel vorzutragen: Der Hoffnung durch dieses Mittel die übrigen ohne Angst auf den rechten Weg gebracht werden mögen.

Denen aber, welche keine Ermahnung, Unterweisung und Vermahnung annehmen, sondern ungehorsam und halsstarrig bleiben, soll die ihrer ungehorsame auferlegte Strafe der Landesverweisung angekündigt, zu solchem Ende solcher ihrer unbeweglichen Hartnäckigkeit und Unbekehrsamkeit unsrer verordneten Direktoren über dieses Täufergeschäft umständlich berichtet, und darüber weiteren Befehl erwartet werden.

Und ist solcher wiederspenstiger irrseligen Leuten wegen, wann sie, über obenangedeuteten Bericht hin, in die Verweisung erkannt werden, unser Verstand Meinung und Befehl, dass dieselben gewahrsamlich an die Grenzen geführt und mit einem Gelübde an Eid statt. Wollen sie den Eid nicht schwören, von unseren Landen und Gebieten, bis zu ihrer scheinbaren Bekehrung, ganz verwiesen. Wenn sie darüber ohne Bekehrung wiederum eintreten und ergriffen werden, und nochmals nicht ablassen, sondern hartnäckig wie zuvor, auf ihrem Irrtum verharren werden, so oft und solches zu beschulden kommt. Soll man sie öffentlich mit Ruten schlagen und auf ein frisches gezeichnet und wiederum wie zuvor vom Land verstossen und verbannt werden sollen: Welche wohlverdiente Verfahrens und Strafe dann in denen folgenden Ursachen und Betrachtungen ist: Dann

1. Unwidersprechlich sind alle Untertanen schuldig, ihrer Natürlichen von Gott gegebenen Obrigkeit Treu und Wahrheit zu leisten und solche Huld und Treue mit einem Eid zu bezeugen. Diejenigen aber, die solches (Juramentum fidelitatis) Treue Eid, zu leisten sich weigern, werden nicht für Untertanen erkennt noch im Land geduldet: Hiermit können und sollen auch die Widertäufer, die ein solches zutun rund abschlagen, im Land keineswegs geduldet werden.

2. Eben so wenig können die für Untertanen erkennt und gestaltet werden, welche nicht bekennen wollen (wie alle Untertanen zu tun schuldig sind) dass der Stand ihrer Obrigkeit von Gott und mit Gott sei: Ohne welche Bekenntnis auch keine gehorsam zu finden ist. Wenn dann die Wiedertäufer nicht gestehen wollen, dass der Stand der Obrigkeit mit dem Christentum bestehen möge, als können daher dieselben auch nicht im Land gestattet werden.

3. Sind alle Untertanen schuldig, das Vaterland, als unsere Mutter, zu schützen und zu schirmen, ja Gut und Blut dafür herzugeben: Welches Beneh-

mens auch das Gesetzt der Natus selber befehlen: und welche solches nicht tun wollen, die können nicht im Land gelassen werden. Nun aber schlagen die Wiedertäufer solches gesetzlich ab: Deswegen dieselben nicht im Land geduldet werden können.

4. Alle Untertanen sind schuldig, nach der Lehre des hl. Apostels Paulus, zur Erhaltung des gemeinen Standes Wesens und Vaterlandes, Zehnten, Zoll und Steuer zu geben: Die aber solches zu tun sich verweigern, mögen nicht im Land geduldet werden. Weilten dann die Wiedertäufer (wiewohl sie solche Dinge auszurichten aus Furcht nicht verweigern) daneben aber lehren, dass solches wachsen bei dem Christentum nicht bestehen möge. Welche Lehre, wo dieselbe überhand nehmen sollte, leicht in böse Frucht ausschlagen würde, als können solche Leute auch nicht unter einer Obrigkeit gestellt werden.

5. Währenddessen die Obrigkeit nach der Aussage eben desselben Apostels, von Gott gegeben ist, als ein Rächer deren die da Böses tun, darum „Sie" auch das Schwert trägt, so sind alle Untertanen schuldig. Diejenigen die Böses tun, sonderlich Totschlag, Verräter und dergleichen mehr, der Obrigkeit zur Strafe zu verleumden: Welche aber solches zu tun sich nicht wollen Verbindlich machen, die sind nicht unter treue und gehorsame Untertanen zurechnen, noch im Land zu gedulden.

Nun aber sind die Wiedertäufer die, welche sich weigern einen einzigen des gleichen der Obrigkeit zu verleumden: Deswegen können sie auch nicht geduldet werden.

6. Diejenigen welche sich der Landesobrigkeit guten Ordnungen und Statuten zu unterwerfen weigern, ja direkt dagegen handeln, die mögen noch weniger geduldet werden: Nun sind die Wiedertäufer solche Leute: Denn wieder die so notwendige und nicht minder nützliche Obrigkeitlichen Ordnungen, handeln und vergreifen sie sich also.

1. *Sie predigen ohne Beruf und Bestätigung der Obrigkeit.*
2. *Sie taufen in ihren Gemeinden ohne Beruf und Befehl der Obrigkeit.*
3. *Sie verführen die Kirchedisziplin gegen die öffentlichen Satzungen der Obrigkeit.*
4. *Sie besuchen keine Versammlungen welche an Sonn- und Bettagen gehalten werde.*

Deswegen sie, als welche sich solche mit Gottes Wort stimmenden Satz- und Ordnungen, nicht wie treue Untertanen gebührt, unterwerfen wollen, und verächtlich dagegen handeln, nicht würdig sind das Land zu bewohnen.

Bei schmerzlicher vielfältigen Begründens und wichtigen Ursachen, wir gesetzlich und endlich entschlossen sind und ernstlich gemeint haben wollen, mit solcher Landesverweisung, und zuge-

hörigen erheblichen Strafmittel gegen allen Anhängern und Zugetanen dieser irrigen und viel Übels ganz gefährlichen unguten Sekte, beständig und unausgesetzt zu verfahren. Damit derselben der längere gang, weiniger das zunehmen nicht gelassen: sondern dieselbe Möglichkeit von Grund abgeschafft, und das Land deren entladen werde. Dazu dann ein jeder unter euch, seinen tragenden Beruf und anhängender Pflicht nach, die erhaschte eifrige und kräftige Hand anlege und unnachlässige obhaltung vor erleuterter massen zu zeigen, beizutragen und anzuwenden wissen und ihm angelegen sein lassen soll und wird: Wie wir und dann in Gnaden versehen tun.

Betreffend dann solcher ungehorsamen verwiesenen Leuten Gut, wie auch denen die hinweg gelaufen, soll dasselbe nach voraus Nehmung der ergangenen Kosten mit den gehorsamen Frau und Kindern geteilt und derselben Anteil in liegendem und fahrendem durch unsere Amtsleute bezogen werden. Davon ein Verzeichnis vorgedachten unseren Direktoren überschickt und derselben Anstalt nach, solches Gut verwaltet, das jährliche Einkommen davon bezogen und wann die verwiesenen oder entkommenen Personen nicht wiederkehren, sondern unbekehrt in ihrem Irrtum absterben würden, als dann daselbst ihr Gut uns völlig mit Urteil und Recht zuerkannt werde.

Ein gleiches soll geschehen und gemeint sein, derjenigen Wiedertäufern Weib und Kindern Guts halb, welche mit ihnen hinweg ziehen, ob gleichwohl sie der Sekte nicht anhängig sein wurden.

Wir wollen hiermit auch gleichen Ernstes angesehnen und verboten haben, dass niemand, wer er auch sei, weder heimisch noch fremden Täufern. Seien sie ihnen verwandt oder nicht, weder Herberge noch Unterschlupf geben. Oder gestatten sollte, es sei zu ihren Versammlungen, Predigten oder anderer Veranstaltungen, weder in Häusern Scheunen noch Gütern. Auch im übrigen, keine Schriftliche noch Mündliche Verständnis mit ihnen zu haben, oder in anderer weise und wegen ihnen einen Vorschuss an Geld, Nahrung oder dergleichen zu tun, weder heimlich noch öffentlich. Hingegen aber soll ein jeder der unseren ernstlich ermahnt sein, was sie von Mund vernehmen mögen, solches sofort dem Oberamtmann zu sagen sich demnach weiteres dieser unserer Ordnung gemäss zu verhalten. Als bei Folter und unablässiger Strafe 100 Gl. oder Verweisung auf unsere Gnade derjenigen so sie Geld Busse nicht zu bezahlen hätten, so oft das zu beschulden kommt, von den Übertretern zu erstatten: Welches letzten Punktes dann auch männiglich zur Nachricht, durch ein besonderes Ausschreiben von Kanzeln verwarnet wird.

Datum in unser Ratsversammlung 9. August 1659

Soweit der ganze Text des »Wiedertäufer-Mandates«. Der grosse Hass der Regierung den Täufern gegenüber war extrem. Es wurde alles daran gesetzt, die ungeliebte Glaubensgemeinschaft zu vernichten oder des Landes zu verweisen. Sie hatten keine Rechte und nicht das Recht, im Berner Gebiet zu leben. Die Bürger wurden zum Verrat gezwungen und hatten alles, was auf diese Gemeinschaft hinweisen könnte, der Obrigkeit zu melden. Festgefahrene Meinungen, Menschen, die diese Meinungen unterstützten, niemanden, der stark genug war, gegen solche Verbrechen der Staatsgewalt vorzugehen, ermöglichten diese Schandtaten an friedlichen Bürgern.

Vertreibung und Auswanderung

Die Vertreibung der Berner Täufer war ein weiteres Mittel der Berner Räte, die Täufer loszuwerden. *Bereits 1660 wurden gefangene und enteignete <Wiedertäufer>, die auch weiterhin nicht bereit waren, ihrem Glauben abzuschwören, aus dem Berner-Täufer-Gefängnis entlassen und kurze Zeit später des Landes verwiesen. Dies galt den Behörden als die härteste Strafe. Unter Zwang schaffte man die Täufer auf ein Schiff und sandte sie den Rhein hinab in die Niederlande. Ebenso wie im Falle der Zürcher Täufer engagierten sich vor allem niederländische Mennoniten in dieser Situation nun für das Schicksal ihrer verfolgten Glaubensgenossen in der Schweiz. Die Holländer boten den völlig mittellosen und entkräfteten Täufern schliesslich Asyl. Zudem bestanden seit einigen Jahren auch eine Reihe von täuferischen Flüchtlingsgemeinden am Oberrhein, auf elsässischen und zunehmend auch auf kurpfälzischen Gebiet.*[46]

1671 entschloss sich der Berner Magistrat schliesslich zu einer ultimativen Lösung seines <Täufer-Problems>. Rund 700 Berner Täufer wurden im Verlauf des Jahres 1671 auf Weisung der Berner Räte aus der Schweiz vertrieben. Viele

---

[46] Täufergeschichte.net Verfolgung gegen die Berner Täufer, 17.10.2015

dieser Täufer waren bereits durch Gefängnisstrafen, Geldbussen und Güterkonfiskationen ruiniert worden und machten sich nun völlig mittellos auf den Weg in die Pfalz. Wiederum waren es niederländische Mennoniten, welche ihre notleidenden Glaubensgeschwister in dieser Situation finanziell und logistisch unterstützten.[47]

Niederländische Mennoniten waren nicht nur die Holländer genannt, sondern alle, die den Rhein abwärts, im Kraichgau und in der Pfalz lebten. Das Wort Niederland kommt von tiefer gelegen. So nannten die aus dem Berner Gebiet alles was ausserhalb Basel am Rhein und westlich des Rheins lag eben Niederland.

In der Pfalz waren bereits seit den 1660er Jahren zahlreiche Zürcher Täufer ansässig geworden, die einige Jahre zuvor in der Schweiz ein ähnliches Schicksal erlitten hatten. In dem deutschen Kurfürstentum profitierten die angesiedelten Schweizer Täufer namentlich von einem besonderen kurfürstlichen Duldungsgesetz, das ihnen in einem engen Rahmen die Ausübung ihrer Religion gestattete.[48]

Unter dem Titel »Von der Auswanderung der Schweizer Täufer in die Pfalz und angrenzenden Ländern« von Ernst Müller, fand ich folgenden

---

[47] Täufergeschichte.net Die Auswanderung der Berner Täufer ab 1671, 17.12.2016

[48] Täufergeschichte.net Die Auswanderung der Berner Täufer ab 1671, 17.12.2016

Text: »*Die Schweizer Täufer, welche durch die Verfolgung über die nördliche Grenze ihres Vaterlandes getrieben wurden, fanden dort Glaubensgenossen. Bei der Reformation Strassburgs waren Reformierte und Täufer ungefähr gleich stark. Seit 1526, wo Reublin zuerst in Strassburg erschien und dann Jakob Gross, Sattler, Denck, Hätzer, Kautz, endlich Melchior Hofmann wirkten, hatten die Wiedertäufer in Strassburg und den umliegenden Landen trotz zeitweiliger Verbannung ihrer Häupter festen Fuss gefasst. Hier fand auch 1555 die erste bedeutende Synode der Täufer statt, die in den Zeiten planloser Gärung etwelche Klarheit und Einigkeit in die Geister bringen sollte.*

Die erste namhafte Einwanderung aus der Schweiz in die Pfalz, von der wir Kenntnis haben, fällt ins Jahr 1671, nach dem schon früher einzelne sich dorthin gewandt hatten. Unter den Dienern des Wortes der Gemeinde im Elsass, die am 4. Februar 1660 in Ohnenheim versammelt das mennonitische Dortrechter Glaubensbekenntnis vom 21. April 1632 unterzeichnet haben, sind die Namen des Jak. Schnebly in Baldenheim und Rud. Egli in Kunenheim schweizerisch, vielleicht auch die Schmidt, Schneider und Frick.

1653 hatten sich Schweizer Täufer in Zülch und Berge niedergelassen, wurden aber von den Jesuiten wieder vertrieben und wandten sich nach Cle-

ve und den Niederlanden. So stifteten schon in der zweiten Hälfte des 17. Jahrhunderts Schweizer ihre ersten Gemeinden in den Niederlanden, vermutlich auch in der Stadt Gronongen. Sie wurden von ihrem früheren Aufenthalt her Pfälzer genannt und durch die holländischen Glaubensgenossen kräftig unterstützt.«[49]

Dass es Nachfahren von Vertrieben Schweizern auch in politischer Hinsicht weit bringen konnten, zeigt uns ein Text von Fritz Trautz: *Nach dem Dreissigjährigen Krieg und nach dem Pfälzischen Erbflogekrieg Ludwigs XIV. von Frankreich hatten sich viele Schweizer in der rheinischen Pfalz niedergelassen, die dem Ruf der Kurfürsten zum Wiederaufbau des verwüsteten Landes gefolgt waren. Eine besondere Gruppe bildeten die Schweizer Mennoniten, die in der Pfalz eine wenn auch relative so doch grössere Freiheit fanden. Zu ihnen zählte z.B. der in Ellerstadt (bei Ludwigshafen) als Sohn Schweizer Eltern geborerne Andreas Huber, der mit seien Eltern im Jahr 1738 nach Pennsylvanien auswanderte; das waren die Vorfahren des amerikanischen Präsidenten Hoover.*[50]

Zur Geschichte und dem Leben der Schweizer Täufer im Herzogtum Zweibrücken-Pfalz fand ich

---

[49] Ernst Müller, Geschichte der Bernischen Täufer, Frauenfeld, J. Hubers Verlag 1895

[50] Fritz Trautz, Die Pfälzische Auswanderung nach Nordamerika im 18. Jahrhundert, Heidelberg 1959, Carl Winter, Universitätsverlag, S. 7-8

einen Text von der Zweibrücker Arbeitsgemeinschaft für Familienforschung. Unter dem Titel »Zur Einwanderung der Taufgesinnten oder Mennoniten« finden wir folgendes: *Die Duldung der Täufer, welche am Anfang zeitlich begrenzt wurde, beschränkte sich auf die wenigen Gemeinden. Und auch da wurde der Druck auf sie ausgeübt, von der Täuferei abzurücken und den lutherischen Glauben anzunehmen.*

Die Täufergemeinden im Elsass blieben auf die Dauer nicht von einschneidenden Massnahmen ihrer neuen Herren verschont. In Markirch hatten die Täufer durch eine jährliche Geldleistung an ihren Herrn Christian von Birkenfeld-Zweibrücken die Befreiung vom Militärdienst erreicht. Für einige Täuferfamilien waren die oberelsässischen Gemeinden nur Etappe beim Wandern in die Pfalz. Aber auch ins Herzogtum Zweibrücken zogen Elsässer Täufer. Am 13. März 1713 wies die Regierung in Zweibrücken den aus der Herrschaft Rappoltstein einwandernden Täufern die obere und untere Frankenweide, ein waldreiches Gebiet im Pfälzer Wald zur Bewirtschaftung an. Nach wenigen Jahren zogen erste Täuferfamilien auf Höfe im Herzogtum selber, z.B. nach Dusenbrücken, wo sich damals auch der kirchentreue Heinrich Bär aufhielt. Die rechtmässige Erlaubnis zur Niederlassung im Herzogtum erhielten sie erst im Jahr 1759.

[...] Im Jahr 1699 melden sich beim Keller Exter in Zweibrücken zwei Wiedertäufer Hans Müller und Hans Wittwer, und greifen in die Pachtverhandlungen zwischen der Behörde und einem weiteren Liebhaber ein. Exter steht dem Angebot der Täufer aus finanziellen Gründen wohlwollend gegenüber, lässt aber die Gesuchsteller nicht im geringsten Zweifel darüber, dass die königlich schwedische Reichskammer in Meisenheim ihnen kaum Duldung im Lande gewähren würde. Wohin die beiden mennonitischen Bittsteller sich wenden, vermelde die Akten nicht; es bleibt auch ungewiss, ob sie zur Grenze gewiesen, überhaupt das Fürstentum verlassen. Dreizehn Jahre später nehmen Gouverneur und Regierung einen für die Wiedertäufer milderen Standpunkt ein.

In der Grafschaft Rappoltstein (Haut-Rhein) liessen sich vor längerer Zeit einige Mennoniten nieder, wurde aber von der französischen Regierung ausgetrieben. Unterm 6. Februar 1713 bitten sie die Verwaltung des Fürstentums, ihnen Aufnahme zu gewähren und erhalten Erlaubnis sich im Lande <nach Gelegenheit umzutun>. Im Jahr 1733 verlängert die Geistliche Güterverwaltung den von Ulrich Schnäbele <über des Klosters oberen Hof bei Hornbach gehabten Bestand auf neun Jahre unter vorherigen Condition>. Danach darf die Einwanderung der Familie Schäbele in *die Zeit zwischen 1724 und 1733 anzusetzen sein.*[51]

Wer ein Täufer war, sich nicht vom Glauben lossagen wollte, hatte es auch in der neuen Heimat schwer. Zwar wurden sie nicht mehr verfolgt, konnten für ihre Familien sorgen und mussten nicht immer in Angst leben. Jedoch wurde ihnen genau auf die Hände und Münder geschaut und es dauerte noch eine Weile, bis sie sich frei und in Sicherheit bewegen konnten.

[51] Schweizer Einwanderer im Westrich, Zweibrücker Arbeitsgemeinschaft für Familienforschung, 1995, S. 251

Reformierte Kirche und Täufer

Ob katholisch, evangelisch reformiert, Neutäufer oder sonst eine evangelische Freikirche, bei allen christlichen Gemeinschaften geht der Ursprung auf Jesus Christus zurück. Die Geburt im Stall zu Bethlehem, sein Leben in der Region um Jerusalem und sein Sterben auf Golgatha.

Jesus sprach von Liebe und Vergebung. Der Mensch, der von den Worten Jesu und der Bibel angesprochen wird, hätte die Möglichkeit, danach zu leben. Jedoch hat jeder die Freiheit, nur das aus dem Wort zu nehmen, was ihm in einer momentanen Situation am meisten von Nutzen ist. So sind sich die Christen der verschiedenen Ausrichtungen nicht immer einig. Ob wir nun als Täufer, katholische, reformierte oder freikirchliche Christen unsere Erfüllung suchen und bestimmt auch finden, ist jedem selbst überlassen. Wichtig ist, so wie ich es sehe, dass wir uns mit christlicher Nächstenliebe begegnen und nicht nur die eigene Auslegung als die einzig richtige proklamieren.

Martin Luther hat die Bibel sehr gut in die deutsche Sprache übersetzt, Zwingli übrigens auch. Viele Menschen können heute lesen, auch wenn nicht alle verstehen, was sie lesen. Zur Zeit der Reformation jedoch konnten dazumal nur etwa 20% der Bevölkerung lesen. So waren sehr viele Gläubige auf das Wort, das zu ihnen gesprochen wurde, angewiesen. Sei es nun in der reformierten Kirche oder in den Hauskreisen der Täufer. Liebe und Vergebung wurde und wird in allen christlichen Kirchen und Gemeinschaften gepredigt. Wird es jedoch auch gelebt?

Möge es gelingen, dass dieses kleine Buch dazu dienen kann, die Christen zu vereinen, miteinander den Weg zu gehen, von dem Jesus sprach und den er vorlebte. Wir alle brauchen die Kirche, bei welcher wir auch immer unsere Erfüllung finden, und die Kirche braucht uns. Wir alle brauchen einen sicheren Hafen und eine rettende Hand.

Dass viele Christen ihres Glaubens wegen von anderen Christen verurteilt und hingerichtet wurden, gehört zu den schlimmsten Kapiteln der Geschichte. Jedoch wurde seit dem Täuferjahr und der Einweihung der Gedenktafel an der Limmat in Zürich vom 26. Juni 2006 eine versöhnliche Annäherung von beiden Seiten in die Wege geleitet.

War der Hinrichtungstod von Stephan Rüegsegger vielleicht doch nicht umsonst? Musste er sein Leben lassen, damit die Menschen von heute zum Nachdenken angeregt werden? Nachdenken über Grenzen und Gemeinschaft, über Hass und Liebe, über Staat und Religion, über Juden, Islam und Christentum. Aber auch über verbinden und trennen, miteinander statt gegeneinander.

Wenn nur einige, die diese Zeilen lesen, diese auch verstehen und einen Versuch wagen, diese im eigenen Umfeld umzusetzen, so war der Tod von Stephan Rüegsegger nicht umsonst.

Vom Autor Arthur Maibach erschienen im Rediroma-Verlag:

Katzenstein Eine Entmythologisierung des Kindlistens und ein Mahnmahl der Frauenunterdrückung, 2015

Spiezer Winzer in der Pfalz und Massenauswanderung aus dem Berner Oberland, 2016

Der Wunderbrunnen von Einigen und die Wallfahrt am Thunersee, 2016

Der Autor

Arthur Maibach, 1953, Genealoge und Buchautor, lebt und arbeitet in Einigen am Thunersee. Akademiestudium der Geschichte, FernUni Hagen. Lehrgang »Geschichte im Zeitspiegel« mit Abschlusszeugnis, Studiengemeinschaft Darmstadt. Lehrgang »Ahnenforschung professionell gemacht«, mit Abschlusszeugnis, SGD. Er ist Verfasser einer Biografie (Hans Müller Einigen), des Heimatbuches »Einigen der schönste Punkt der Welt«, verschiedener Texte in Büchern und Zeitschriften und der Reihe »Spiezer Veröffentlichungen für Geschichte und Heimatkunde«.